Chris Alexandria

Askfirmationen

KOHA KOMPAKT

Chris Alexandria

ASKFIRMATIONEN

Wie Sie mit den richtigen Fragen wirkungsvolle Glaubenssätze entwickeln

Dieses Buch widme ich Ihnen, *meinen wunderbaren Leserinnen und Lesern*, die es kaum erwarten können, endlich ein Leben voller Freude, Liebe und Fülle zu führen – voller Vertrauen, Selbstwertgefühl und in dem Wissen, dass Sie all das auch wert sind!

Einleitung

Die Geschichte meines Lebens handelt nicht von Unterdrückung oder dem berühmten Aufstieg vom Tellerwäscher zum Millionär. Das können Sie gerne nachprüfen. Sie werden sehen, wie viel Glück ich im Leben hatte: Ich hatte immer etwas Anständiges zum Anziehen, auch wenn meine Mutter versuchte, die neueste Mode auf ihrer Nähmaschine nachzunähen, um ein paar Dollar einzusparen und zugleich ihre Teenager-Töchter trotzdem ordentlich zu kleiden.

Ich hatte also glücklicherweise immer ein behagliches Zuhause und ein Dach über dem Kopf, jede Menge zu essen und so weiter. Ich erlebte nie Extremsituationen und hatte auch nie ein einschneidendes Erlebnis – wie eine Nahtod- oder Erleuchtungserfahrung – oder einen Augenblick göttlicher Eingebung, in dem ich mein Schicksal kristallklar vor Augen hatte. Mein Weg ähnelte mehr einem langsamen Tanz, einem *Pas de deux,* wenn man so will, voller Anmut und Bewegung und winzigen, aber machtvollen Aha-Erlebnissen hier und da. Ich bin sozusagen in einer Idylle aufgewachsen; das empfinde ich sogar Jahrzehnte später noch so.

Ich hatte das große Glück, tolle Eltern, tolle Geschwister, tolle Großeltern, Tanten, Onkel und alle möglichen Möchtegern-Verwandten zu haben, die mich alle liebten, hoch schätzten und unterstützten. Ich würde sogar sagen, alle ermutigten mich immer, ganz egal, was mich gerade interessierte. Diese nahe und weitläufigere Familie verfügte über eine unglaubliche angeborene Intelligenz und höchste Integrität.

Und ihre Kreativität? Die sprengte wirklich jegliche Maßstäbe. Ganz ehrlich – wer von Ihnen hat schon einmal beim »Ameisen-Baseball« zugeschaut? Mein Großvater väterlicherseits nahm uns Kinder immer mit auf den Hof und beschrieb es uns in allen Einzelheiten; wir hätten ansonsten gedacht, das sei nur eine Horde Ameisen, die vor uns auf dem Boden im Dreck herumwuselte ... Vielleicht war er so ein großer Fan dieser Mini-Liga, weil sein geliebtes Baseballteam, die Dodgers, an die Westküste gezogen war? Er schaffte es tatsächlich, dass wir alle neun Spielrunden lang das Geschehen fasziniert verfolgten. Er machte das fast bis zum Tag seines Todes und begeisterte schließlich auch meine Kinder mit *Balls, Strikes* und *Home Runs* auf dem blanken Erdboden hinter seinem Haus in New Jersey. Und dann gab es ja auch noch die U-Boot-Rennen und die Dinosaurier-Jagden ...

In meiner Zeit als Mutter und Haushaltsgöttin hatte ich ein unstillbares Bedürfnis nach sämtlichen Informationen und Geschichten, die mit Engeln zu tun hatten. Ich abonnierte Zeitschriften, las jede Menge Bücher, ging zu Medien und besuchte sogar Unterrichtsveranstaltungen. Und das alles wozu? Wer weiß das schon?

Mein Schatz fragte mich oft (ich wiederhole: *oft!*): »Und was fängst du mit *diesem* Kurs an?«
Und meistens antwortete ich: »Keine Ahnung ..., aber ich muss ihn machen.«
Darauf er: »Willst du Klienten beraten?«
»Keine Ahnung.«
»Und inwiefern hilft dir das weiter?«
»Pfff...«, lautete meine abschließende Antwort.

Mein Mann arbeitete als Finanzexperte in einem Unternehmen, und für ihn hatte alles mit Umsätzen und Gewinnen zu tun, und jede Investition musste sich irgendwie auszahlen. Deshalb fiel es ihm schwer, das nachzuvollziehen bzw. logisch zu verstehen. Aber er lächelte mich an, schüttelte den Kopf und verschob seine Termine, damit ich mit reinem Gewissen zum Kurs gehen konnte. So viel zum Thema liebevolles Vertrauen!

Ja, ich saugte begeistert wie ein Schwamm die ganze Welt auf, obwohl ich keine Ahnung hatte, wohin das alles führen würde. Türen gingen für mich auf, und ich hatte viele winzige Aha-Erlebnisse.

Ich bot Energie- und Heilbehandlungen an. In den Jahren der »Keine Ahnung«-Antworten war ich Reiki-Meisterin und -Lehrerin geworden; hinzu kamen Ausbildungen zur IET-Lehrerin (IET = *Integrated Energy Therapy*) und zur *Magnified Healing*-Therapeutin. Ich beschäftigte mich mit Kristallen und machte eine Ausbildung zur lizenzierten Kristalltherapeutin. Nach weiteren Studien wurde ich *Archangel Enlightenment*-Therapeutin und zertifizierter *Soul Coach.* Ich konnte all diese Methoden für die Behandlung immer zahlreicherer Klientinnen und Klienten nutzen, und sie liebten mich und das, was ich für sie tun bzw. ihnen beibringen konnte. Endlich wusste ich, dass ich etwas wirklich gut konnte, außer Affenbrot backen!

Doch noch wichtiger war: Ich *liebte* es, anderen zu helfen. Ich *liebte* es, ihnen die Erkenntnisse und Werkzeuge bieten zu können, mit denen sie noch lange nach unseren Sitzungen weitermachen konnten. Ich *liebte* es, die Erfolge und Fortschritte in ihrem Leben zu beobachten!

Was wusste ich schon, wohin das letztendlich führen würde? Meine Gaben und Talente vervielfachten sich buchstäblich, ebenso wie mein Selbstvertrauen und mein Selbstwertgefühl. Dennoch zögerte ich, öffentlich und nicht nur im Freundes- und Kollegenkreis zu dem zu stehen, was ich machte. Diese Dinge, die ich anbot, waren nach wie vor nicht sehr bekannt, und viele Menschen schreckten eher davor zurück, vor allem, wenn man ihnen auf irgendwelchen Cocktailpartys oder irgendeinem gesellschaftlichen Beisammensein davon erzählte. Ich blieb meistens lieber in Deckung, und wenn ich mit meinem Schatz und seinen Kollegen zusammen war oder mit unseren Nachbarn essen ging oder eine Grillparty besuchte, spielte ich entweder die pflichtbewusste Manager-Gattin oder den interessierten und geselligen sozialen Schmetterling oder die fürsorgliche Mama.

Auf der Suche
nach

tieferen Einsichten ...

Vorbereitende Schritte

Ich glaube fest an das Gesetz der Anziehung bzw. das Gesetz der Resonanz. Dieser Begriff ist ja inzwischen so beliebt, dass er sogar in viele Wörterbücher aufgenommen wurde. So definiert zum Beispiel das *Urban Dictionary* den englischen Begriff »Law of attraction« folgendermaßen:

»Das Gesetz der Anziehung beruht auf der Überzeugung, dass positive Gedanken wie ein Magnet positive Lebenserfahrungen und negative Gedanken negative Lebenserfahrungen anziehen.«

Anders ausgedrückt: Das Universum greift sich diese »schlechten« bzw. negativen Elemente heraus und bringt sie in dein Leben. Allerdings scheint es nicht zu verstehen, was die Wörter »nein« bzw. »nicht« bedeuten. Aus dem Satz »Ich bin *nicht* arm« hört das Universum »Ich *bin* arm« heraus. Und in Reaktion auf das, was es da anscheinend gehört hat, sorgt es dafür, dass Sie auch weiterhin arm bleiben. Das klingt vielleicht seltsam, aber genau das ist eine der wesentlichen Grundlagen dieses Gesetzes.

Sie können das gerne einmal selbst ausprobieren. Sagen Sie laut: »Ich esse kein Eis.« Was taucht als Erstes in Ihrem Kopf auf? Eine doppelte Portion Eis mit Schokosoße, die an einer knusprigen Eistüte herunterrinnt? Oder womöglich mögen Sie auch lieber einen Becher Bananensplit mit drei verschiedenen Geschmacksrichtungen, Schokosoße, Nüssen und einer leuchtend roten Cocktailkirsche obendrauf? Oder ist ein dicker Erdbeer-Shake mit einem Riesenklacks Sahne Ihr Ding? Oh ja, ich liebe das auch, aber noch lieber mag ich die Sorte mit den Schokokeksstückchen drin ...

Auch andere Leute, unter anderem anerkannte Experten, haben dieses Phänomen beobachtet und darüber Dutzende von Büchern geschrieben. Wieder andere haben Filme zu diesem Thema gedreht bzw. sind mit Vorträgen um die ganze Welt gereist, in dem Wunsch, das Gesetz der Anziehung anderen Menschen nahezubringen. Diesen bemerkenswerten Pionieren möchte ich persönlich sehr herzlich für ihr Engagement und ihre Genialität danken, denn damit haben sie Millionen von Menschen die Tür geöffnet. Wirklich, ich möchte mich bei ihnen allen sehr herzlich bedanken!

Wie ich allerdings bemerkt habe, braucht es sehr viel mehr als ein sogenanntes *Vision Board* bzw. eine Traumcollage und Mantras, die man rezitieren kann, um das Universum auf meine Wünsche aufmerksam zu machen. *Vision Boards* sind echt toll, aber eben nicht das Einzige, was man braucht, um seine Wünsche in der Realität zu manifestieren. Sie sind in vieler Hinsicht eher eine Art Sprungbrett, um überhaupt zu erkennen, was man sich wünscht. Ich wiederhole: ein Sprungbrett!

Manche Leute versuchen uns glauben zu machen, so ein *Vision Board* wäre alles, was wir bräuchten, und schon würden uns unsere Herzenswünsche zufliegen. Schön wär's ...

Für alle, die diese *Vision Boards* noch nicht kennen, eine kurze Erklärung: Ein *Vision Board* ist eine Art Pinnwand mit lauter schönen Fotos und erbaulichen Sätzen, eine Vision des Lebens, das Sie sich wünschen. So eine Pinnwand zu erstellen, ist eine wunderbare Möglichkeit, sich darüber klar zu werden, was Sie sich wirklich wünschen, im Gegensatz zu dem, was Sie *meinen,* sich zu wünschen. Denn beim Zusammenstellen der Collage erleben Sie Momente der Stille, die es Herz und Seele erlauben, klar und deutlich zu Ihnen zu sprechen. So können Sie einfach *sein.* Sie öffnen sich und können die unendlichen Möglichkeiten empfangen, um die Sie bitten können.

Beim Erstellen Ihres *Vision Boards* sollten Sie eine entsprechende Atmosphäre für dieses wundersame Geschehen schaffen. Zünden Sie Kerzen an, holen Sie sich etwas zu trinken (ja, auch ein bisschen Alkohol ist erlaubt, er hilft manchmal, den Widerstand gegen das Gewünschte zu senken), legen Sie Musik auf – irgendetwas, was Sie in freudige Erregung versetzt. Nehmen Sie sich zwei bis drei Stunden Zeit, um mit Ihrer Seele Verbindung aufzunehmen und Ihre Vision zu kreieren. Sind Sie das etwa nicht wert? Nehmen Sie höchstens drei Zeitschriften Ihrer Wahl zur Hand und bleiben Sie beim Thema: sich Ihr gewünschtes Leben zu kreieren. Haben Sie *Spaß* dabei! Das Leben ist dazu da, um Spaß und Freude zu erleben – es ist keine langweilige Pflichtübung, sondern etwas, das Sie erforschen, über das Sie kichern, von dem Sie träumen und das Sie sich zu eigen machen können.

Warum bin ich alles,
was ich mir wünsche,
auch wert?

Wenn Sie mit diesen Vorbereitungen fertig sind, lautet die perfekte Affirmation:

»Warum bin ich alles, was ich mir wünsche, auch wert?«

Dadurch steigt Ihr Selbstwertgefühl so sehr, wie Sie es sich nie hätten vorstellen können, und noch mehr von dem, was Sie sich wünschen, kommt tatsächlich in Ihr Leben getanzt.

Doch tief drinnen wissen wir alle, dass hinter der Formel

Kreieren = Manifestieren

mehr steckt. Sicherlich ist Ihnen inzwischen klar, dass das nicht ganz so einfach ist. Wenn das *Vision Board* fertig ist, schleichen sich leider womöglich Selbstzweifel ein, und das Selbstwertgefühl sinkt. Die Stimmen im Kopf sagen: »Aus dir wird nie was werden!«, oder: »Du bist sooo eine Träumerin – sei lieber realistisch, denn das hier ist dein Leben!«, oder: »Diese Fotos, die du auf das Board geklebt hast – das sind doch nur Fotos!« Und was es halt sonst noch so an »netten« Sprüchen gibt …

Solche inneren Konflikte führen dazu, dass letztendlich nur sehr wenig manifestiert wird, und so geht das Leben einfach weiter, und Sie bleiben mit einem Gefühl der Leere und Unzufriedenheit mit Ihrem Dasein zurück und suchen gleichzeitig nach allen möglichen Ablenkungen, um diese nagende innere Leere zu vergessen, zu unterdrücken oder zu verdrängen. Sie sind weiterhin damit beschäftigt, etwas zu *tun,* anstatt zu *sein.* Die geschäftigen Tage gehen ineinander über. Anzuhal-

ten und den Duft der Rosen zu riechen – dafür ist keine Zeit. Lachen? Was ist das denn? Keine Zeit für so etwas Dummes und für Müßiggang ...
Verwenden Sie Sprüche wie »Wo ist bloß der Tag geblieben?« oder »Heute hab ich so viel zu tun, da bleibt mir kaum Zeit zum Atmen!« oder »Willst du mich veräppeln? Für so was hab ich keine Zeit und schon gleich gar nicht für mich!«? Dann sind Sie in der Phase des *Tuns* gefangen. Ist dies das Leben, das Sie sich wünschen? Bestimmt nicht!

Diese Einflüsterungen Ihrer inneren Stimme verschmelzen mit der Psyche und können sich so tief einnisten, dass es schwierig ist, zwischen Ablenkungen und der Wahrheit zu unterscheiden. Egal, worum es geht – es sind Ihre Gedanken, und irgendwo in Ihnen gibt es einen Teil, der wirklich glaubt, was er hört, denkt oder sagt. Dadurch wird all das sehr real, denn wie Sie ja gehört haben, sind Gedanken sehr mächtig.

Das ist die Wahrheit, und sie verdient es, noch einmal gesagt zu werden:

Gedanken sind mächtig!

Jawohl, Gedanken sind unglaublich mächtig, genauso mächtig wie diese Mantras und Affirmationen, von denen Sie gelesen, denen Sie gelauscht und die Sie vielleicht auch selbst aufgesagt haben. Vielleicht haben einige von Ihnen sie sogar ausgedruckt und zu Hause oder im Büro verteilt, an Schranktüren und Badezimmerspiegel, Computer und Wände geklebt ...

Und doch fragen sich viele Menschen nach wie vor: »Was ist eigentlich passiert? Ich sage diese Affirmationen und Mantras auf ... Soll *das* alles sein?«

Auf meiner Reise durchs Leben, mit all meinem Herumprobieren, den ganzen Irrungen und Wirrungen *und* Erfolgen, fand ich einen Weg (danke, ihr Engel!), um meine innere Stimme, mein Ego, auszutricksen. Mir wurde eine Möglichkeit offenbart, wie ich präsenter sein, die Antworten auf all diese Fragen finden und – noch besser – genau *das* Leben führen konnte ..., na, Sie wissen schon, *das* Leben, das wir uns alle so sehr wünschen.

Gedanken
sind mächtig.

Wie alles anfing

Ein junger Mann zog bei uns ein; wir wollen ihn Jim nennen, um seine Privatsphäre zu schützen. Es war eine spontane Entscheidung. Jim war zu der Zeit der Freund einer unserer Töchter und hatte nichts, er war völlig pleite. Er war aus seinem Heimatstaat ausgerissen und hatte lediglich einen Rucksack und gerade genug Geld, um wegzukommen und zu versuchen, sein Leben umzukrempeln.

Bevor er bei uns einzog, hatte er eine Arbeit gefunden und ein Zimmer ganz nahe bei seiner Arbeitsstelle gemietet, um Geld zu sparen und finanziell wieder auf die Beine zu kommen. Auf dieser ersten Stelle lernte er unsere Tochter kennen. Kurz darauf legte sein Arbeitgeber die Firma mit einem anderen Unternehmen zusammen, und Jims neuer Arbeitsplatz war ohne Auto unmöglich zu erreichen. Damit war er arbeitslos.

Unsere Tochter fragte uns, ob Jim bei uns bleiben könnte, und wir nahmen ihn ganz schnell bei uns auf. Sie musste uns gar nicht groß dazu überreden, denn es hatte diverse Vorzüge: Wir konnten ein Auge auf ihn und sie haben und ihm vor allem hoffentlich helfen, sein Leben wieder auf die Reihe zu bekommen.

Jim wurde sozusagen zu unserem Harry Potter; er wohnte im ausgebauten Keller, mit eigenem Schlafzimmer und Bad. Wir sorgten gerne dafür, dass er etwas zu essen hatte. Wir kauften ihm neue Klamotten für Vorstellungsgespräche und gaben ihm Geld für das Nötigste. Außerdem bekam er von uns psychologische Unterstützung, wir sprachen ihm Mut zu, erzählten ihm von potenziellen Stellen und gaben ihm so viel Liebe, wie es uns unter diesen Umständen möglich war.

Ich will hier nicht Jims Geheimnisse ausplaudern, nur so viel: Bevor er zu uns kam, war sein Leben ziemlich übel gewesen. Alles, was man sich an Schlimmem vorstellen konnte, hatte er wahrscheinlich schon durchgemacht. Über 15 Jahre lang war er darauf programmiert worden, dass die Welt es ihm zeigen, ihn fertigmachen und fallen lassen würde und dass er deshalb möglichst viel aus allen, die seinen Weg kreuzten, herausholen müsste, bevor es überhaupt so weit kam. Ihm stand das Wasser bis zum Hals, und er paddelte wie ein Hund darin herum und bekam keinen Boden unter die Füße. Sein ganzes Leben lang hatte ihm nie jemand eine Rettungsleine zugeworfen. Ich sagte mir: *Das müssen wir ändern!*

Ich wurde für Jim zu jemandem, dem er vertrauen konnte, und brachte ihn dazu, mit *positiven* Mantras zu arbeiten; aber seine tief verwurzelten Gedanken waren stärker als alles, was er aufsagte. Anfangs sagte er Mantras auf wie »Ich habe einen tollen Job!«, nur um dabei die Augen zu rollen und vor sich hin zu seufzen ... Im nächsten Atemzug stellte er Fragen wie »Warum komme ich nicht voran?« oder »Warum ist das Leben bloß so beschissen?« oder – mein persönlicher Lieblingsspruch – »Warum bin ich bloß so ein Verlierer?«. Und solange er sich immer wieder solche Fragen stellte, wurden sie allesamt durch entsprechende Vorfälle untermauert.

Er fand beispielsweise eine Arbeit und hoffte, diesmal würde er dadurch die Kurve kriegen. Doch dann »passierte« etwas, und er verlor die Stelle, und immer war jemand anderes schuld daran – die Launen eines unverschämten Vorgesetzten, ein Fehler, den ihm ein Kollege in die Schuhe geschoben hatte, oder sonst etwas –, aber nie war es *seine* Schuld.

Oder Jim und unsere Tochter hatten mal wieder einen Krach. Ihre Beziehung stand inzwischen bestenfalls auf dünnen Beinen. Sie schwankten zwischen »himmelhoch jauchzend« und »zu Tode betrübt«, »liebten« und »hassten« sich abwechselnd. Dann wieder berappelten sie sich irgendwo in der Mitte und gingen eher wie Geschwister als wie Beziehungspartner miteinander um.

Wenn doch einmal etwas Positives passierte, was selten vorkam, und Jim in freudige Erregung verfiel (ob das nun ein Job, ein Motorrad oder auch seine Freundinnen »zwischendurch« waren), schien er diese neue Seinsweise zu akzeptieren und versuchte, neue *gute* Möglichkeiten für sich anzunehmen, und ich konnte sehen, wie viel Mühe er sich gab, die Energie hoch zu halten. Es war für ihn echt ein Kampf. Doch diese neue Seinsweise dauerte höchstens eine Woche, was natürlich nicht lange genug war, um auf Dauer etwas zu verändern, und dann hatte er wieder diesen Blick drauf, der ohne Worte Bände sprach: »Das Leben ist einfach beschissen!«

War er erst einmal an dem Punkt angelangt, versank Jim ganz schnell wieder in der Unbewusstheit seines persönlichen »schwarzen Lochs«, war nur noch am Rauchen und schlief bis in die Nachmittagsstunden, weil er sich nachts stundenlang über Gott und die Welt aufgeregt hatte. Er kehrte zu dem zurück, was ihm so vertraut war – wie ein paar alte, abgetragene Socken. Das war zwar keinesfalls angenehm und ganz sicherlich nicht wünschenswert, aber es war ihm vertraut.

Ich agierte eher als Beobachterin, anstatt wieder in meine übliche Rolle der »Mama, die die Welt rettet« zu schlüpfen; dadurch war ich in der Lage, die Situation zu entschlüsseln und zu verstehen, was da eigentlich vor sich ging. Ich fasste meine Beobachtungen folgendermaßen zusammen:

Negative Gedanken = unerwünschte Lebensweise
Negative Fragen = unerwünschte Lebensweise
Negative Aussagen = unerwünschte Lebensweise

UND

Positive Aussagen ohne Überzeugung
= unerwünschte Lebensweise
Positive Aussagen ohne Aufrichtigkeit
= unerwünschte Lebensweise

Das war ja wohl ein Beleg für die Definition im *Urban Dictionary*. Doch wenn das stimmte, warum dann nicht mal eine »neue Formel« ausprobieren?

Positive Fragen = positive Veränderungen
= positive Lebensweise

Ich ging es spielerisch an und formulierte **positive Fragen im Präsens.** Diese neue Idee probierte ich immer wieder aus, und ich nahm mir sehr viel Zeit dafür. **Ich formulierte Mantras und Affirmationen in Fragen um.** Das war eine ganz schöne Herausforderung, aber es machte auch Spaß und entzündete in mir einen Funken, von dem ich bislang nichts geahnt hatte. Und das Beste daran? Es stellten sich wirklich großartige Ergebnisse ein!

Schließlich war ich so weit: Ich wollte damit experimentieren und stellte Jim dieses Konzept vor. Sooft er mit einem negativen Spruch herausplatzte oder fragte, warum er denn schon wieder so eine schlechte Erfahrung gemacht hatte, brachte ich ihn dazu, diese Gedanken in positive Fragen umzuwandeln. Er guckte mich dabei zwar an wie ein Auto, aber er machte es. Das ging viele Wochen lang so mit allen möglichen Höhen und Tiefen, doch schließlich zeigten sich ein paar Anfangserfolge, und er gewann an Vertrauen. Es ging für ihn sehr langsam voran; nach und nach machte er jedoch immer mehr positive Erfahrungen, und – ganz wichtig – die schlechten Erfahrungen blieben aus! Er fand eine neue Arbeit, die ihm gefiel, ja er bezeichnete sie sogar als »Karriereschritt«. Er lernte jemanden kennen und plante seinen Auszug. Er versöhnte sich mit unserer Tochter, und es war Schluss mit den Streitereien. Die dunkle Wolke, die Jim immer wieder einholte, hatte sich anscheinend endlich verzogen.

Jim zog tatsächlich aus und machte sich unabhängig. Wir haben keinen Kontakt mehr, aber als wir das letzte Mal miteinander sprachen, hatte er seinen »Karrierejob« schon über sechs Monate (ein neuer Rekord!), wurde anständig bezahlt, bekam auch die vollen Sozialleistungen und hatte die Chance auf eine Beförderung. Und das Beste daran? Er *liebte* es!

Ich war fasziniert von dem, was ich daraus gelernt hatte, und freute mich, weil Jim einen Ausweg aus dem schwarzen Loch gefunden hatte. Und ich war auch ganz begeistert davon, dass ich meine Theorie an einem der negativsten Menschen ausprobiert hatte, die ich jemals kennengelernt hatte, und es hatte funktioniert!

Jetzt wissen Sie also, wie ich herausfand, wie mächtig und »hartnäckig« das ist, was wir erschaffen haben, und erlebte, wie sich das Leben eines Menschen trotzdem verändern kann. Und jetzt können auch Sie lernen, wie und warum es funktioniert. Und das verdanken wir einem Typen namens Jim.

Kleine Veränderungen
können

Großes bewirken.

Futter für den Kopf

Futter kann man definieren als *»minderwertiges bzw. jederzeit verfügbares Material, um eine große Nachfrage zu decken«.*

Und was genau ist mit »Futter für den Kopf« gemeint?
Damit bezeichne ich all diese endlosen Fragen, die wir uns stellen, oft voller Frust und manchmal, ohne uns dieser Fragen überhaupt bewusst zu sein.
Eine »Kopffutter-Frage« kann man demnach folgendermaßen definieren: *»Eine minderwertige Frage, mit der man sich bei Frust ›behilft‹.«*

Kennen Sie das auch? Es gibt Zeiten, in denen sich die Dinge immer nur im Kreis drehen und es anscheinend keinen Ausweg gibt, keine Lösungen in Sicht sind, immer wieder derselbe Mist passiert und der Misthaufen immer größer wird ... Die Mitspieler verändern sich vielleicht, aber die Geschichte ist immer wieder dieselbe. Das Leben scheint ein Teufelskreis zu sein, und es ist kein Licht am Ende des Tunnels zu sehen.

Haben Sie es auch schon mal mit einer neuen Frisur, neuen Klamotten oder einem Umzug probiert, in der Hoffnung, diesen Kreislauf aus sich wiederholenden Mustern zu durchbrechen, aber es hat nichts genützt?
Immer wieder das Gleiche tun, aber andere Ergebnisse erwarten – so hat Albert Einstein »Wahnsinn« definiert. Mein Begriff für dieses Phänomen ist *Hamsterrad.* Man hofft irgendwie, dass alles und jeder irgendwann müde wird und abspringt. Aber leider enden wir selbst normalerweise müde, erschöpft und frustriert. Und wenn wir weiterhin im Hamsterrad im Kreis herumrennen, wird der Frust manchmal so groß, dass wir die Hände (im übertragenen und im wörtlichen Sinn) über dem Kopf zusammenschlagen und verzweifelt ausrufen:

»Warum komme ich nie über die Runden?«
»Warum ziehe ich immer nur Verlierer an?«
»Warum komme ich nicht voran?«

Und dann fahren wir uns übers Gesicht, raufen uns die Haare, verspannen die Schultern und ... Soll ich weitermachen? Wenn wir uns Fragen wie die oben genannten stellen, erhalten wir Antworten, die diese Fragen direkt unterstützen:

Das Geld ist weiterhin knapp.
Es werden weiterhin Verlierer in unser Leben treten.
Dinge, Orte, Menschen sind weiterhin für uns außer Reichweite.

Die Antworten und Reaktionen spiegeln eines der Grundgesetze des Universums wider, welches besagt:

Jede Frage wird direkt ... – ja genau! – buchstäblich beantwortet! Gemäß dieser Gesetzmäßigkeit werden Ihre Fragen nicht interpretiert oder verstanden, sondern die Antwort entspricht genau der Frage.

Ein Beispiel: Sie sind wegen Ihrer Geldprobleme frustriert und fragen sich: »Warum komme ich nie über die Runden?« Dann antwortet das Universum *nicht:* »Schatz, ich weiß ja, eigentlich meinst du: ›Warum fließt mir Geld so einfach zu?‹, oder: ›Warum habe ich immer mehr Geld, als ich brauche?‹ Und deshalb liefere ich dir lieber eine Antwort auf *diese* Fragen.«

So funktioniert es nicht. Würde ich mir echt wünschen, aber dem ist nicht so.
Leider muss ich Ihnen sagen: Wenn Sie auch weiterhin solche negativen Fragen stellen, wird es Ihnen auch weiterhin schwerfallen, mehr Geld zu haben, die Rechnungen werden sich weiterhin im Briefkasten stapeln, und das finanzielle Loch, in dem Sie stecken, wird nur noch tiefer, dunkler und beängstigender.
Das heißt, die ganzen Verlierer werden auch weiterhin auf einem roten Teppich in Ihr Leben tanzen, vielleicht in einer anderen Verpackung, aber es ist immer wieder dieselbe alte Leier. Sie werden immer wieder mit Kunden zu kämpfen haben, die einfach nicht zufriedenzustellen und total unvernünftig sind und Ihrer Firma, Ihren Mitarbeitern und Ihnen selbst die ganze Energie absaugen. Umgekehrt werden Sie immer noch Stress mit Ihrem streitsüchtigen Chef, gemeinen Kollegen oder diesen Schönwetter-Freunden haben (Sie wissen schon, mit den Leuten, die zur »Unterstützung« höchstens mal zuzwinkern oder die Augen verdrehen).

Warum ist das so? Weil alles, was wir tun oder uns vorstellen, Energie ist. Ja genau, *alles,* auch Geld, Liebe, Gesundheit und Freude.

Denken Sie einmal über Ihr Leben nach. Können Sie erkennen, welches Ihre Kopffutter-Fragen sind? Wenn Ihnen so leicht nichts dazu einfällt, schauen Sie sich einmal einen Bereich Ihres Lebens an, der »nicht so läuft wie geplant«. Überlegen Sie sich dann, welche Sätze bzw. Fragen Sie in diesem Zusammenhang ständig wiederholen. Und *voilà!,* schon haben Sie Ihr persönliches Kopffutter.

Deshalb ist es so wichtig, positive Energie auszustrahlen, denn damit ziehen Sie Positives in Ihr Leben. Und das ist eigentlich nur eine Abwandlung von Newtons Drittem Gesetz bzw. dem Reaktionsprinzip, welches besagt, dass es zu jeder Kraft immer eine gleich große Gegenkraft gibt. Umgekehrt zieht Negativität eben Negativität in Ihr Leben.

Doch darauf wollen wir uns lieber nicht fokussieren, sondern besser auf die schönen Dinge, okay?
Das Universum ist voller Liebe. Das Universum ist voller Freude. Das Universum ist voller Gesundheit. Das Universum ist voller Geld.
An nichts besteht ein Mangel, außer Sie *denken* das und sind davon überzeugt. Und dann werden Sie von dieser Geisteshaltung vereinnahmt; sie gräbt sich wie ein Enterhaken ein und lässt sich nicht so leicht wieder entfernen.

Und womit
füttern Sie
Ihren Kopf?

Sind Sie immer noch nicht davon überzeugt, dass an diesem Gesetz der Anziehung etwas dran ist? Dann fragen Sie sich doch einmal: Fahren Sie mit Ihrem Traumauto herum? Leben Sie in Fülle und Wohlstand? Erleben Sie wahre Liebe? Ist da ein Teil von Ihnen, der Ihnen – im Flüsterton, schreiend oder laut brüllend – sagt, es sei nicht genug und diese ganzen reichen und glücklichen Leute hätten einfach immer nur Glück? Hm?

Haben Sie womöglich Angst, das von Ihnen ersehnte Leben habe etwas mit Gier zu tun? Vielleicht meinen Sie auch, Sie würden einem anderen Menschen etwas wegnehmen, weil eben nur so und so viel da und dann Schluss sei?
Betrachten Sie es doch einmal so: Würden sich alle unter ihrem perfekten Haus dasselbe vorstellen, dann würden wir alle in *identischen,* schablonenhaften Häusern wohnen: derselbe Stil, dieselbe Größe, dieselbe Inneneinrichtung, dieselben Wandfarben, Gerätschaften, Schlafzimmer, Büros, Fernseher etc. Das wäre doch echt langweilig, nicht wahr?
Bitte sagen Sie Ja!

Verstünden wir alle unter »Liebe« einen Ring mit einem Riesendiamanten am Finger, wäre es nichts Besonderes mehr, stimmt's? Würden wir alle dasselbe fühlen, würden alle, Männlein wie Weiblein, solche Klunker tragen. Die Diamantenindustrie würde jubeln! (Jetzt verrate ich Ihnen ein Geheimnis: Ich trage statt Ehering und Diamantringen ein Tattoo am Finger, und mein Mann hat auch so ein Tattoo. Wir haben der Welt diese Vorstellung vom Diamantring ja wohl nicht so wirklich abgekauft ... Daran ist nichts falsch, wirklich nicht, aber wir haben uns eben entschieden, unsere Verbindung anders zu bekunden. Und nach 25 Jahren Ehe dachten wir uns, wir könnten uns ruhig »brandmarken« lassen.)

Vielleicht hilft Ihnen auch diese Analogie: Kennen Sie Baskin-Robbins, die US-amerikanische Eiscremekette? Sie ist berühmt für ihre »31 flavors«, also ihre 31 Geschmacksrichtungen, die sie in der Werbung anpreist. Wie furchtbar langweilig wäre es, wenn wir alle Lust auf dieselbe Geschmacksrichtung hätten, meinetwegen »Cookies 'n Cream«! Können Sie sich eine Welt mit nur *einer* Sorte Eiscreme vorstellen? Nein? Ich auch nicht.

Vielfalt ist gefragt. Alle wollen Liebe. Alle wollen Geld. Alle wollen Freude. Alle wollen Gesundheit. Wahrscheinlich stehen all die Begriffe auf keiner Wunschliste in derselben Reihenfolge, werden jeweils mit anderen Gefühlen und einem anderen Aussehen verbunden. Doch alle wünschen sie sich und noch mehr. Und das Beste daran? Alle verdienen es, dass sich diese Wünsche auch *genau so* erfüllen wie gewünscht.

Würden Sie sich mit einem Kompromiss zufriedengeben wollen? Natürlich nicht, denn das würde das Feuer in Ihrem Herzen nicht zum Lodern bringen.
Warum sich mit einer Liebe zufriedengeben, die Sie in Zweifel ziehen, sobald Ihre bessere Hälfte mal nicht da ist?
Warum sich mit einem Gesundheitszustand zufriedengeben, der Ihnen weiterhin Schmerzen bereitet und Sie daran hindert, das Leben voll und ganz anzunehmen?
Warum sich damit abfinden, an jedem Monatsende kein Geld mehr auf dem Konto zu haben?

Vielleicht sind einige Leser schon dabei, dieses Konzept infrage zu stellen, und denken: »Habe ich vielleicht darum gebeten, meine Arbeit zu verlieren, mit dieser Krankheit geschlagen zu sein, mir das Herz brechen zu lassen oder ständig das Gefühl zu haben, ich hätte gerade meinen besten Freund verloren?«

Oder Sie betrachten die Dinge vielleicht aus einer umfassenderen Perspektive und fragen sich, wer denn bitte schön um diese ganzen Massentötungen, Wetterkatastrophen oder Flugzeugabstürze gebeten hat.

Die Antwort? Ich habe keine Ahnung. Ich kann Ihre Fragen nicht beantworten, denn es gibt keine endgültigen Antworten. Ich kann Ihnen nur sagen: Ich glaube, wir alle haben, bevor wir uns physisch auf dieser großen Kugel namens Erde reinkarniert haben, darum gebeten, an bestimmten Erfahrungen teilzuhaben. Jetzt, wo wir hier sind, können wir uns vielleicht nicht mehr daran erinnern, aber unser spirituelles Selbst hat seine Zustimmung gegeben, Teil eines größeren Plans zu sein, um andere zu Liebe und Mitgefühl zu erwecken.

Um ein Beispiel für ein solches Engagement zu nennen: Denken Sie einmal an eine große oder auch kleinere Katastrophe und die Liebe und Unterstützung, die den Betroffenen danach zuteil wurden, in Form von Spenden an das Rote Kreuz, Mahnwachen am Ort des Geschehens oder eines einfachen Gebets, öffentlich oder im stillen Kämmerlein. Es ist ganz egal, wie diese Liebe und dieses Mitgefühl zum Ausdruck kommen, es geht nur darum, sie zu erwecken.

Im Universum
ist alles
im Überfluss vorhanden.

Leider ist es mit diesem Mitgefühl oft schnell vorbei. Manche Leute engagieren sich natürlich langfristig, um anderen bei ihrer Heilung zu helfen, aber die meisten Menschen haben eher die Tendenz, alles wieder zu vergessen und schnell zu etwas anderem überzugehen. Unsere Gesellschaft leidet unter einem massiven Aufmerksamkeitsdefizitsyndrom, und leider scheint auch immer wieder gleich etwas neues Trauriges zu passieren, was in die Schlagzeilen gerät und unser Herz bewegt, wenn auch oft nur für einen kurzen Augenblick.
Auf eher persönlicher Ebene sind das Katastrophen, wie eine Bankrotterklärung, eine Krankheitsdiagnose, der allzu frühe Tod eines geliebten Menschen oder der eigene Tod vor der Zeit. Und wahrscheinlich lautet auch dann die Frage: »Habe ich wirklich darum *gebeten?*«
In Wirklichkeit erinnern wir uns nicht daran, um solche Erfahrungen gebeten zu haben, wenn wir mittendrin stecken. Ich weiß, das ergibt keinen Sinn und ist auf vielen Ebenen nur schwer verständlich, aber ich glaube, es ist im Wesentlichen die Wahrheit. Doch das ist ein Thema für ein anderes Buch ...

Ich weise an dieser Stelle nur deshalb darauf hin, um zu veranschaulichen, dass guten Menschen schlimme Dinge zustoßen und – ja, ich bin davon überzeugt – dass wir die Möglichkeit haben, im Leben eine ganze Menge zu verändern, egal, was die Ursache für etwas ist. Und ich glaube auch: Wir alle können mit solchen Erfahrungen uns selbst und womöglich auch die Welt zum Besseren verändern.

Doch nun zurück zu unserem normalen »Programm« ...

Fällt Ihnen ein persönliches Erlebnis oder ein weltweites Geschehen ein, das Sie zu der Frage bewegte, welchen Sinn das haben soll? Können Sie, wenn Sie einen Schritt zurücktreten, das Gute erkennen, das dabei herausgekommen ist? Eine höhere Sensibilisierung für eine Krankheit, eine Spendenaktion, um ein Heilmittel zu finden (man denke zum Beispiel an die internationale, aufsehenerregende *Ice Bucket Challenge,* die auf die Nervenkrankheit Amyotrophe Lateralsklerose ALS aufmerksam machen und Spendengelder für deren Erforschung und Bekämpfung sammeln wollte), oder andere solcher Aktionen ... Inwieweit hat Sie das berührt und sogar dazu gebracht, etwas zu unternehmen?

Das Ego

Das ***Webster Dictionary*** **definiert »Ego«** auf diese Weise:

»Der Teil des Geistes, welcher die Mittlerrolle zwischen Bewusstsein und Unbewusstem einnimmt, zuständig ist für die Realitätseinschätzung sowie ein Gefühl persönlicher Identität verleiht. Siehe auch Es und Über-Ich.«

Wow, sogar der gute alte Daniel Webster hält das Ego für den Mittler zwischen Bewusstsein und Unbewusstem! Anders ausgedrückt: Das Ego filtert und bestimmt, was gültig ist und was nicht, *bevor* es Dinge/Gedanken/Mantras/Affirmationen in unser Bewusstsein gelangen und damit Realität werden lässt.
Webster sagt also, das Ego ist für die Realitätseinschätzung zuständig. Damit wollen wir einmal ein bisschen herumspielen. Was betrachten Sie als »real«?
Glauben Sie an Fabelwesen und Einhörner? Wahrscheinlich eher nicht, denn das wäre ja »dumm«.
Glauben Sie an Geld? »Na klar, also bitte, wer glaubt heutzutage denn *nicht* an Geld? Man kann es für so gut wie alles eintauschen. Also natürlich glaube ich an Geld!«

Was hat das Ego damit zu tun, dass Sie genau das Leben führen, das Sie sich wünschen und verdient haben? Es hat viel mehr damit zu tun, als die meisten von uns verstehen, aber immerhin verstehen wir es immer besser. Beispielsweise ist inzwischen eines klar: Das Ego *liebt* es, herumzudebattieren und Sie schön auf Ihren Platz zu verweisen. Es hat alle Werkzeuge an der Hand, um Aussagen – ob nun ausgesprochen oder nur im Kopf gedacht – aufzufahren, und kann sie auch lauthals untermauern. Doch wenn Sie dann etwas Negatives sagen, zum Beispiel »Das Leben ist einfach beschissen!«, lehnt es sich zurück, und Sie können allein damit fertigwerden und sich noch tiefer in Ihrem schwarzen Loch vergraben. Damit geben Sie dem inneren Tiger Futter. Warum sollte er seinen Überlebensdrang auch aufgeben? Alles will leben, auch das Ego.

Das Ego benutzt Angst, um zu leben und Kontrolle auszuüben. Wenn man Angst hat, kann man sich leicht aus der Verantwortung ziehen. Oder andere Umstände erscheinen, wenn man darüber nachdenkt, praktischer und viel rationaler zu sein. Sicherlich kennen auch Sie Sätze wie:

»Wer bin ich denn, dass ich meine, ich hätte Klienten/Schülern/der Welt etwas anderes oder etwas Inspirierendes zu geben?«
»Meine ganze Familie war schon immer zu dick, das ist genetisch bedingt, warum soll ich überhaupt versuchen abzunehmen?«
»Leben kann ich, wenn ich in Rente gehe. Im Moment hilft mir dieser Job, die Rechnungen zu bezahlen.«

Oder ganz klassisch: *»Am besten gleich Milch, Eier und Orangensaft einkaufen – die Wetterfee hat Schnee vorausgesagt!«*

Schon mal so etwas Ähnliches gehört oder selber gesagt?

Fallen Ihnen »Binsenweisheiten« ein, die Sie glauben, obwohl Sie tief drinnen wissen, dass sie nicht stimmen und nicht real sind?
Erstellen Sie eine Liste mit den Binsenweisheiten, die Ihnen als Erstes in den Sinn kommen! Schauen Sie sich die Liste an. Können Sie erkennen, wie sie sich womöglich auf Ihr Leben ausgewirkt haben und Sie vielleicht sogar davon abgehalten haben, Ihr Leben nach Ihren eigenen Vorstellungen zu leben?

Auch Vermeidung funktioniert nicht. Der Versuch, etwas zu vermeiden – seien es nun Menschen oder Situationen –, verstärkt anscheinend vielmehr noch den Fokus auf das, was man vermeiden möchte. Und zwar, weil das *Es* gerne das Wort »nicht« herausfiltert – ironischerweise, denn die Vorstellung von »nicht« schürt unsere Angst (es trifft den Nerv, wenn es um *Mangel* geht). Wenn Sie also sagen, Sie wollen etwas *nicht* tun oder haben …, dann ziehen Sie es in Wirklichkeit sogar noch stärker in Ihr Leben. Und schon wieder hat das Ego gewonnen!

Das würde auch Folgendes erklären: Sobald wir zu hören bekommen, wir könnten etwas *nicht* haben oder es sei uns verboten, dies und das zu tun, drehen sich alle Gedanken nur noch genau darum, bis wir es endlich haben oder tun.

Erkennen Sie,
dass Ihre Beschränkungen
Illusion sind!

Denken Sie einmal an Ihre Kindheit zurück, dann stimmen Sie mir sicherlich zu. Wie oft haben Sie ein Nein zu hören bekommen und haben immer weiter um Erlaubnis gebettelt?

Ihnen wird etwas »verweigert«, dadurch haben Sie das Gefühl von »weniger als«, und genau dann kommen die Kopffutter-Fragen hereingetanzt. Je müder und erschöpfter Sie sind, desto weiter steht die Tür für sie offen. Das nächste Mal, wenn Sie dieses Gefühl haben oder hören, wie die Kopffutter-Fragen sich einschleichen und auf Sie einreden, achten Sie einmal auf Ihre Körperhaltung. Sie wird nicht besonders gut sein, da bin ich mir ziemlich sicher. Höchstwahrscheinlich haben Sie die Schultern eingezogen, sind in sich zusammengesunken, der Kopf hängt herunter, und die Wirbelsäule ist gekrümmt. Und was passiert bei all diesem Durchhängen? Ihr Ego übernimmt die Kontrolle und macht sich zum Anführer. Aber es kommt noch schlimmer: Das Herz hinkt wie ein Bremserhäuschen am Zug hinterher und bildet das Schlusslicht, und die Angst führt Sie an der Nase herum.

Warum ist das so? Ihr Herz ist die Geburtsstätte Ihrer Seele und lügt Sie niemals an. Es sitzt dort, wo Sie Ihren Herzschlag spüren können. Das Ego dagegen lebt im Kopf und ist, wie wir bereits gesagt haben, vollgestopft mit Ängsten. Und somit übernimmt die Angst die Führung.
Stimmt doch, oder etwa nicht?

Doch wenn Sie ganz einfach Ihre Körperhaltung verbessern, können Sie auf energetischer Ebene eine wunderbare Veränderung bewirken: Schieben Sie die Schultern so weit zurück, dass Sie über Ihren Hüften ausgerichtet sind, die Ohren befinden sich genau oberhalb der Schultern. Die Wirbelsäule wird sich dadurch von ganz allein ausdehnen und strecken. Jetzt befindet sich das Herz vorne ... Und das Ego? Es ist ein bisschen zurückgesetzt. Anfangs ändert sich dadurch vielleicht nicht viel, aber Sie handeln und reagieren auf subtile Weise in allen Situationen anders und verändern so letztendlich alle Situationen. Ihr innerer Strom kann jetzt leicht und reibungslos fließen, anstatt auf und ab und um die Kurve fließen zu müssen, um gehört zu werden. Ihr Herz kann klarer zu Ihnen sprechen, und Sie können auf Ihr Herz hören.

Denken Sie immer daran:

**Ihr Herz ist die Geburtsstätte der Seele,
und Ihre Seele lügt Sie niemals an.**

Ende der Durchsage.

Wir wollen uns beispielhaft einmal mit dem Thema »Unwürdigkeit« beschäftigen. Das ist einer der Lieblingsknöpfe, die das Ego sehr gerne drückt. Sie finden, es steht Ihnen zu, ins Restaurant zu gehen, etwas zu bestellen und genau das zu bekommen, was Sie wollen – das ist ja wohl keine Frage, stimmt's? Sie finden, es steht Ihnen zu, beim Schuhkauf einen linken und einen rechten Schuh zu bekommen, oder etwa nicht? Und Sie finden, es steht Ihnen zu, dass das Licht angeht, wenn Sie den Schalter betätigen, ist doch klar, oder?

Das Herz ist
die Geburtsstätte
der Seele.

Aber warum gerät Ihre Würdigkeit ins Wanken, wenn es persönlicher wird?

Oh, das ist die Eine-Million-Euro-Frage! Je persönlicher der Wunsch ist, desto mehr Gewicht legen Sie darauf bzw. desto mehr Energie stecken Sie hinein. Das Ego greift diese Energie auf und prustet ganz verächtlich ... *pffff.* In vielerlei Hinsicht ist Freund Ego wie einer dieser Rüpel auf dem Schulhof, der andere Kinder tyrannisiert.

Probieren Sie mal die folgenden Sätze aus:

Fühlen Sie sich würdig, eine Million Dollar zu bekommen?
Fühlen Sie sich würdig, totale Glückseligkeit zu erfahren?
Fühlen Sie sich würdig, die perfekte Arbeit, das perfekte Zuhause, das perfekte Auto, den perfekten Partner zu haben?

Wenn Sie auch nur ein bisschen gezögert haben, innerlich ins Stammeln oder Debattieren geraten sind, Sie irgendetwas daran gehindert hat, diese Fragen auf der Stelle mit Ja zu beantworten, dann hat Ihr Ego das alles verächtlich abgetan, und der ungläubige Thomas, der Ihren Selbstwert anzweifelt, kommt ins Spiel und sorgt dafür, dass Sie das, was Sie sich wirklich wünschen, nicht bekommen.

Ich hoffe, das ergibt für Sie einen Sinn und Sie erkennen, dass jeder solche Ausrutscher erlebt bzw. erleben kann.

Und weiter geht's ...

Versuchen Sie es nun lieber einmal mit positiven Aussagen und Affirmationen, so wie den folgenden:

»Ich habe ein tolles Leben.«
»Ich bin in Frieden.«
»Ich lebe in Fülle.«

Das sind starke, mächtige, positive Aussagen, und sie stellen einen Schritt in die richtige Richtung dar. Alles, was Sie aus der Falle des »Oje, ich Arme/r!« befreit, ist ein positiver Schritt nach vorne. Wie ich aber leider herausgefunden habe, reichen diese Affirmationen und Mantras allein oft nicht aus. Sie funktionieren einfach nicht immer. Traurig, aber wahr.

Ein Beispiel: Wie viele Lotterielose haben Sie in Ihrem Leben schon gekauft? Und wie viele davon haben Sie jemals mit einer Affirmation bekräftigt: »Ich habe das große Los gezogen!«?
Da sind Sie nicht die bzw. der Einzige! Und wenn jeder, der sich so ein Los kauft, erklären würde, er habe gewonnen, und das wirklich glauben würde, dann gäbe es keine Lotterie. Denn jeder würde dann die richtigen Gewinnzahlen ziehen, und die Lotterie würde Bankrott anmelden. Zumindest ginge es den Gewinnern dann so wie den armen Lotteriespielern im Film *Bruce Allmächtig,* wo Jim Carrey als Gott jedem seinen Wunsch nach dem Lotteriegewinn erfüllt und daraufhin alle nur ein paar Cent gewinnen.
So viel Macht haben Sie. Ja genau: *Sie!*

Doch meistens passiert beim Rezitieren eines Mantras, an das Sie nicht wirklich ganz tief im Inneren glauben, Folgendes: Ihr

Ego, die *Geburtsstätte der Angst,* tut das wieder mal verächtlich ab. Und als ob das nicht schon genug wäre, schreit es Ihnen Sätze ins Ohr, die sich ganz tief in Ihrem Kopf festsetzen, zum Beispiel so etwas Ähnliches wie:

»Was glaubst du eigentlich, wer du bist?«
Oder: *»Ja genau, ganz bestimmt hast du das verdient ...«*
Oder: *»Ha, wenn du echt so toll und großartig bist, warum hast du dann nicht mehr Freunde (oder Klienten oder Kunden oder Förderer)?«*

Oder es verkleidet sich als das grünäugige Monster und bringt Kopffutter-Fragen hoch, zum Beispiel:

»Warum bekomme nicht ICH solche Chancen?«
Oder: *»Die/der hat so ein Glück! Warum habe ich das nicht?«*
Oder: *»Die sehen ja aus wie das perfekte Paar. Warum behandelt er/sie mich nicht besser?«*

Kommt Ihnen das bekannt vor?
Diese verächtlichen Kommentare aus dem »Ego-Repertoire« übertönen alle positiven Aussagen und machen dadurch jeden Versuch, aus unserem Leben etwas Besseres zu machen, zunichte. Sind Sie sich nicht so ganz sicher, ob das, was Sie da zu hören bekommen, wirklich aus dem Ego-Repertoire stammt? Dann stellen Sie sich folgende Fragen:

Winden Sie sich dabei innerlich? Fühlen Sie sich einsam?
Fühlen Sie sich minderwertig? Oder geschlagen?
Zeigt es Ihnen, »wo Sie hingehören«?

Wenn Sie auch nur *eine* der Fragen mit Ja beantworten, spricht da das Ego, um Sie kleinzumachen. So einfach ist das.

Alle Sätze, die Sie hören, und *alle* Gefühle, die Sie innerlich verspüren, die nicht voller Freude und Liebe sind, sind das Ego! Jegliche Aussage und jegliches Gefühl, das Ihnen einen Knoten im Bauch macht, ist das Ego! Jede Aussage und jedes Gefühl, das Sie dazu bringt, ganz schnell voller Scham den Kopf hängen zu lassen, ist das Ego! Das Ego ist ein gemeiner kleiner Quälgeist, der keinerlei Veränderungen mitbekommt – außer natürlich, es gewinnt dadurch mehr Macht über Sie.

Das Ego kann sich auch in Form von »Hilfe« durch andere manifestieren.
Wie oft haben Sie schon erzählt, Sie wären gerade auf Diät, und die Leute haben Ihnen dazu gratuliert, nur um Ihnen gleich beim nächsten Treffen irgendwelche Süßigkeiten anzubieten?

Das ist das Ego.

Oder Sie wollen keinen Alkohol mehr trinken, und die anderen laden Sie zu dem einen oder anderen Gläschen ein ...

Auch das ist das Ego.

Oder Sie bewerben sich für eine Weiterbildung, und dann müssen Sie sich anhören, Sie seien ganz schön eingebildet ...

Das alles und noch viel mehr, meine Lieben, ist das Ego, das aus dem Mund eines anderen spricht.

Dabei dürfen Sie eines nicht vergessen: Sie sind ein Mensch, Sie haben ein Ego, so wie wir alle, und zwar bis zu dem Tag, an dem wir tot umfallen. Doch Sie haben es in der Hand, wie viel Macht Sie ihm zugestehen oder auch *nicht*. Und alle Menschen sind auf vollkommene Weise unvollkommen (außer natürlich Sie sind Mary Poppins, die ja so gut wie vollkommen ist). Diese Fahne können Sie ruhig höher halten: *»Ich bin vollkommen unvollkommen.«*

Können Sie also das Ego dazu bringen, den Mund zu halten?
Ja, und es ist eigentlich sogar ganz einfach:

Stellen Sie ihm einfach eine Frage!

Das Ego ist nicht dafür gerüstet, Fragen zu beantworten, sondern zu argumentieren, zu debattieren und *Aussagen* verächtlich abzutun.

Nun überlegen Sie einmal: *Debattieren* Sie, wenn jemand Ihnen eine *Frage* stellt? Nein, Sie beantworten die Frage.
So ist das auch mit dem Ego. Es kann mit einer Frage nicht debattieren.
Wenn Sie ihm also Fragen stellen, schlägt es die Hände über dem Kopf zusammen und sagt: *»Universum, das kann ich nicht, jetzt bist du dran.«*

Der einfache Weg, das Ego daran zu hindern, auf bissige, höhnische Weise Ängste und Selbstzweifel zu wecken, besteht also darin, einfach eine Frage zu stellen!

Eine Frage, keine Aussage?! »Wirklich?«, werden Sie da vermutlich fragen. »Und das soll alles sein?«
Ja genau. Allerdings müssen diese Fragen auf eine bestimmte Weise gestellt werden und mit einer bestimmten Intention.

Und jetzt werde ich Ihnen mein Geheimnis verraten ...

Braucht es
wirklich nur
eine Frage?

Askfirmationen – eine Definition

Jetzt ist es also endlich so weit … Auf diesen Augenblick haben Sie gewartet. Darf ich vorstellen: **Askfirmationen!**

Was ist eine Askfirmation – und warum ist sie etwas ganz anderes als ein Mantra oder eine Affirmation?
Gut, dass Sie das fragen! Die Antwort ist eigentlich ganz einfach.

Eine Askfirmation
ist eine positive Frage im Präsens,
die meistens mit »Warum«
oder »Wie« beginnt.

Im Wesentlichen kann man sich eine solche Askfirmation wie **ein Mantra in Frageform** vorstellen. Deshalb **Ask**firmation (englisch »ask« = deutsch »fragen«) … Verstehen Sie?

Warum ist das so wichtig?
Wie schon im letzten Kapitel erwähnt, kann das Ego Fragen nicht so gut beantworten, und wenn es damit konfrontiert

wird, verzweifelt es geradezu, sagt: »Das kann ich nicht!«, und setzt sich demotiviert in die Ecke, lutscht einen Lolli und schmollt vor sich hin.
Diese positiv formulierten Fragen dürfen nicht mit den eher negativen Kopffutter-Fragen verwechselt werden, die sich das Ego nur allzu gerne reinzieht. Allerdings liefert es auch auf solche Fragen keineswegs eine Antwort, sondern diese Fragen sind ja das »Futter«, und somit füttern Sie damit das Tier namens Ego. Dieses Tier mampft auch gerne direkte, geradlinige Aussagen.

Hier ein Beispiel dafür, wie das Ego auf Ihre positiven Aussagen oder Mantras reagiert, nur um es einmal auf den Punkt zu bringen:

Sie: »Ich bin in Frieden.«
Ego: »Nein, bist du nicht!«
Sie: »Doch, *ich bin* in Frieden.«
Ego: »Du bist ja so was von gar nicht in Frieden!«
Sie: »Doch, *ich ... bin ... in ... Frieden!*« (Dabei geht Ihre Stimme im Kopf eine ganze Oktave hoch.)
Ego: »Hähä, hab ich dich erwischt. Du bist ja nach wie vor so was von gar nicht in Frieden!«
Irgendwann geben Sie auf und schreien: »Grrrr!!!« (Zwischendurch lassen Sie vielleicht noch ein paar Kraftausdrücke vom Stapel.)

So, und jetzt das Ganze noch mal, aber mit Askfirmationen:

Sie: »Warum bin ich so in Frieden?
Ego: SCHWEIGEN ... TOTENSTILLE ...

Sie sagen nichts, aber spüren, wie Ihre Schultern und Augen sich entspannen, der Herzschlag sinkt, die Atmung tiefer wird. Sie sind in Frieden. Ist das Leben nicht toll?

Eine Askfirmation ist also ein Mantra oder eine Affirmation, die in Form einer Frage ausgesprochen wird.
So einfach ist das.

Sie können Ihre ganzen Mantras oder Affirmationen in Askfirmationen umwandeln. Probieren Sie es einfach aus!

Und wissen Sie, was unter anderem das Tolle an Askfirmationen ist? Sie brauchen nicht nach einer Antwort zu suchen!

Wissen Sie noch? Eines der vielen Gesetze des Universums besagt, dass es jede Frage, die Sie stellen, unterstützt und beantwortet, ähnlich wie diese »tollen« Kopffutter-Fragen, von denen Ihnen nicht einmal bewusst ist, dass Sie sie stellen, und auf die Sie ganz bestimmt keine Antwort haben wollen. Wenn Sie eine Askfirmation stellen, liefert Ihnen das Gesetz des Universums Antworten:

Es zeigt Ihnen, warum Sie in Frieden sind.
Es zeigt Ihnen, warum Sie unterstützt werden.
Es zeigt Ihnen, warum Sie es wert sind, alles, was Sie sich wirklich für Ihr Leben wünschen, zu bekommen.

Der Druck auf Ihre verspannten Schultern lässt nach. Antworten werden mit größerer Klarheit, schneller und einfacher geliefert, als Sie sich womöglich vorstellen können.

Vor nicht allzu langer Zeit bat mich eine Frau in einem Twitter-Post darum, ihr zu zeigen, wie sie die Engel um Hilfe bitten könnte. Ich schickte ihre eine Askfirmation, die auf ihre Situation abgestimmt war. Noch am selben Tag antwortete sie, alle Probleme seien gelöst!
Ja, so schnell kann es gehen. Ganz schön cool, oder?

Wir wollen diese wichtige Tatsache noch einmal wiederholen:

Sie müssen nicht nach Antworten suchen! Stellen Sie einfach die Frage, und schon entfaltet sich die Magie. Lassen Sie das Universum antworten; damit steht noch ein Punkt weniger auf Ihrer To-do-Liste.

Entspannen Sie sich und genießen Sie das, was Ihnen nun auf die eine oder andere Weise präsentiert wird.

Wie schnell stellen sich Ergebnisse ein?
Je nachdem. Man kann mit einer Askfirmation einen Parkplatz suchen – das geht meistens ziemlich schnell. Falls Sie beruflich wirklich »abheben« wollen, dauert es womöglich (ich wiederhole: womöglich) etwas länger, da das Universum sich um die ganzen Einzelheiten kümmert, um Sie dahin zu bringen, wo Sie gerne sein möchten, und eine Zeit lang damit beschäftigt ist, die richtige Arbeit, die richtigen Leute, die damit verbundenen Vorteile etc. zusammenzubringen, die genau Ihren Wünschen entsprechen (auch denen, die Ihnen vielleicht gar nicht bewusst sind).

Im weiteren Verlauf dieses Buches gehen wir auf einzelne Askfirmationen näher ein; doch zunächst möchte ich Ihnen zeigen, wie viel Macht dieses System hat.

Eine meiner persönlichen Lieblings-Askfirmationen, von der wir alle profitieren können und die ich sehr für den Einstieg empfehle, lautet:

**»Warum ist es für mich sicher,
ich selbst zu sein?«**

Ich stellte mir diese Askfirmation zum ersten Mal im Spätfrühling 2012. Ich möchte jetzt nicht auf Details meiner Lebensgeschichte eingehen, nur so viel: Seit Jahrzehnten sprach ich mit Engeln und kannte meine intuitive Seite, aber ich fühlte mich nie sicher genug, auch dazu zu stehen. Wenn man mich dazu befragte, lenkte ich schnell ab und sprach lieber über ein Kunstwerk, das Wetter oder gab die Frage – sehr taktvoll natürlich – an die betreffende Person zurück. Ich machte mich über mich selbst lustig und nannte mich »eine Verrückte«.

Durch die oben genannte Askfirmation veränderte sich für mich alles, und wenn ich mir das recht überlege, war es kinderleicht. Die nachfolgende Geschichte bestätigt, dass ich mich allmählich nicht nur physisch, sondern auch auf energetischer Ebene veränderte.

Gute Freunde von uns leben etwa 500 Meilen weit von uns entfernt, und deshalb können wir uns nur wenige Male im Jahr treffen. Sie nehmen die strapaziöse Reise auf sich und kommen uns regelmäßig im Sommer auf unserer Insel besuchen, um sich am Meer zu entspannen. Wir besuchen sie dann ein paar Monate später.

Es war Oktober, nur drei Monate, nachdem wir sie das letzte Mal gesehen hatten. Wir saßen in ihrer Küche und tranken Kaffee. K. schaute auf meine Füße, und dann richtete sie ihren prüfenden Blick auf mein Gesicht, und das machte sie ein paarmal schnell hintereinander. Schließlich fragte ich sie, ob etwas nicht stimme, ob ich vielleicht Hundekot am Schuh hätte.

»Nein, nein«, sagte sie, »ich hab mir nur die Absätze deiner Schuhe angeschaut.«

»Echt? Na ja, und was ist damit?«, fragte ich (meine Schuhe hatten nur einen sehr flachen Absatz).

»Die Absätze sind nicht sehr hoch, oder?«, fragte K.

»Und …?«, hakte ich völlig verwirrt nach, ahnungslos, worauf sie hinauswollte.

»Du bist gewachsen, seit wir dich das letzte Mal im Juli gesehen haben!«

»Wirklich?« Ich war total verblüfft.

»Ja wirklich! Du bist so groß wie noch nie!« Und dann fügte sie hinzu – und das war noch wichtiger: »Dein Gang zeigt so viel von deiner Kraft wie nie zuvor.«

»Hm«, dachte ich bei mir und wusste nicht, was ich damit anfangen sollte. Also legte ich das Gespräch irgendwo im Hinterkopf ab und dachte vorläufig nicht mehr daran. Doch einen Monat später besuchten uns Familienangehörige zum Erntedankfest. Mein Schwager kam am Morgen an (*Thanksgiving* geht bei uns den ganzen Tag lang), umarmte mich und fragte: »Na, wie geht's meiner *großen* Schwägerin denn so?«

Er war schon immer ein bisschen kleiner als ich, deshalb war das scheinbar nicht so wichtig. Doch in den über 25 Jahren, seit ich mit seinem hinreißenden Bruder verheiratet bin, hatte er mich noch nie als »groß« bezeichnet. Keine Andeutung, aber auch gar nichts dergleichen.
»Groß«, hatte er gesagt ... Hm ...

Vielleicht fühlte ich mich ja tatsächlich so sicher wie nie zuvor. Doch die Krönung kam erst noch.
Ich ging zum Arzt, und wie immer wurde ich bei der Untersuchung gemessen und gewogen. Und ... große Überraschung: Ich war tatsächlich seit meinem letzten Arztbesuch ganze zweieinhalb Zentimeter *gewachsen!* Ich weiß ja nicht, wie es Ihnen damit ginge, aber ich fand das extrem cool.

Also, bevor Sie jetzt versuchen, diesen Wachstumsschub logisch zu begründen, möchte ich eines ein für alle Mal klarstellen: Ich habe elf Jahre lang Ballett gelernt, ich mache Yoga. Ich kenne mich also damit aus und habe schon ziemlich lange eine gute Körperhaltung (danke, Mama!). Dieses Wachstum hatte nichts damit zu tun, dass ich mich aufrechter hielt. Das mache ich schon seit Jahrzehnten, zumindest denke ich das.

Als ich anfing zu fragen: *»Warum ist es für mich sicher, ich selbst zu sein?«,* hatte ich keinesfalls die Absicht oder den Wunsch, größer zu werden. Ich fand eigentlich schon immer, 1,72 Meter wären genug, und war mit dieser Größe ganz zufrieden. Ich stellte diese Frage, weil ich mehr Selbstvertrauen und mehr Vertrauen in meine Aufgabe hier auf der Erde entwickeln wollte. Ich wollte in der Lage sein, meine Talente und Wünsche verbal vertrauensvoll zum Ausdruck zu bringen, anstatt mir ein anderes Leben zu wünschen. Ich wollte verwandte Seelen erkennen können, wenn sie auftauchten.

Die Leute bestätigen mir aber nicht nur immer wieder, ich sei größer als früher, sondern auch, wie viel liebevolle Energie ich jetzt ausstrahle und dass ich meinen Worten auch Taten folgen lasse. Sie sagen, es sei eine Ehre, mich zu kennen.
Ich bin zwar nicht auf Lob und Ehre aus, aber ich nehme es dankend an und betrachte das als weiteren Wink und Hinweis darauf, dass ich mich als mich selbst so sicher fühle wie schon sehr, sehr lange nicht mehr!

Fazit: Ich bin selbstsicherer als jemals zuvor im Hinblick darauf, was meine Aufgabe in diesem Leben ist, und kann das den Leuten auch sagen und ihnen dabei in die Augen sehen. Ich versuche nicht mehr, die Aufmerksamkeit von mir abzulenken, wenn ich gefragt werde, was ich denn mache. *Das* ist wirklich das Beste daran. Dass ich größer bin? Dass irgendwelche Leute mir das bestätigen? Das sind nur coole Nebeneffekte.

Und ich bin fest davon überzeugt, dass auch Sie das erleben können!
Deshalb denken Sie daran, zu fragen: **»Warum ist es für mich sicher, ich selbst zu sein?«**

Allerdings kommt die Antwort nicht immer so, wie Sie es sich wünschen oder wie Sie es erwarten. Lassen Sie das Universum einfach machen und seine Antwort auf magische Weise liefern.

Warum ist es
für mich sicher,

ich selbst zu sein?

Askfirmationen – im Detail

Es gibt im Reich der Askfirmationen ein paar wenige – *sehr wenige* – Dinge, die tabu sind:

1. Sie können Askfirmationen nicht für jemand anderen stellen.
2. Setzen Sie für Askfirmationen keinen Zeitrahmen.
3. Erlegen Sie sich keinerlei Beschränkungen auf.

Punkt, aus, fertig.

Okay, jetzt wollen wir etwas näher darauf eingehen …

1. Stellen Sie Askfirmationen nur für sich selbst und nicht für jemand anderen.

Sie können mit einer Askfirmation nicht das Verhalten eines anderen Menschen verändern. Immerhin gibt es so etwas wie einen freien Willen.

Fragen wie die folgenden gehen deshalb *nicht:*

»Warum fällt es ... [Name des Mannes/der Frau Ihrer Träume] leicht, mich zu lieben?«
Oder: *»Warum ist es für ... [Name einer Berühmtheit] so einfach, zu erkennen, wie toll mein Produkt/mein Talent/meine Arbeit ist, und mich in ihrer Show vorzustellen?«*
Oder: *»Warum ist es für meine/n Chef/-in so einfach, meine Fähigkeiten zu erkennen und mir eine Gehaltserhöhung zu geben?«*

Es ist einfach nicht cool, den Willen eines anderen zu beeinflussen, damit sich die eigenen Erwartungen erfüllen. Oder anders gesagt: Das ist kein guter Glückszauber. Oft wird Liebe nicht erwidert, weil die andere Person wirklich nicht die bzw. der Richtige ist. Das mag schmerzlich sein, aber es ist wahr.
Eine Klientin bedankte sich einmal bei mir, zwei Jahre nachdem ich ihr gesagt hatte, sie solle aufhören, hinter diesem Typen herzulaufen, der ihrer Meinung nach genau der Richtige für sie war. Aber ganz offensichtlich hatte er sie nicht verdient; und in der Zwischenzeit hat sie einen tollen Mann kennengelernt, in den sie total verliebt ist, und er hegt ihr gegenüber die gleichen Gefühle.

Anstatt Fragen wie die obigen zu stellen, könnten Sie sie anders formulieren und fragen:

**»Warum ist es für mich so einfach,
Liebe zu schenken und zu empfangen?«**

Man beachte, dass nicht von »bedingungsloser« Liebe die Rede ist. Wir Menschen haben der Liebe so viele Bedingungen auferlegt, dass wir uns jetzt gezwungen fühlen, durch das Wörtchen »bedingungslos« ihre Qualität zu steigern. Pah! Liebe ist Liebe. Sie ist rein, sie ist erhaben. Entscheiden Sie sich für die *Liebe!*

Diese Askfirmation sagt dem Universum, dass Sie bereit sind. Ihre Seele weiß, was Sie sich zutiefst wünschen. Nicht das, was Sie *meinen,* sich zu wünschen, wenn es um die Liebe geht, sondern die wirkliche Liebe, die Liebe, bei der Ihnen ganz anders wird und die wie ein Feuerwerk den Himmel erleuchtet. Am besten halten Sie es ganz allgemein, damit sich die wahre Liebe zeigen kann und Sie sich nicht von einer verdorbenen Liebe narren lassen.

Was können Sie erwarten? Subtile Veränderungen. Vielleicht dort, wo Sie immer wieder nach Liebe suchen, aber vielleicht auch einfach an der Art und Weise, wie Sie Freunden und Kollegen und – ja! – auch Familienmitgliedern zuhören, wenn sie darüber reden, was für eine Art Mensch denn zu Ihnen passen würde.

Vielleicht vereinbart auch jemand für Sie ein *Blind Date.* Oder es sitzt einfach ein toller Mensch neben Ihnen im Bus, im Zug, in der U-Bahn oder wird Mitglied Ihrer Fahrgemeinschaft.

Womöglich ..., vielleicht ... und wenn? Wie funktioniert es? Es passiert, indem Sie Ihre Perspektive und die Energie um Sie herum verändern. In der Folge haben Sie verstärkt das Gefühl, Sie sind es wert, die gewünschte Liebe zu empfangen (die Sie verdienen), und öffnen gleichzeitig Ihr Herz dafür, sie einzulassen. Es geht nicht mit einem Gefühl der Dringlichkeit einher – oder anders ausgedrückt: Sie geben sich entspannt dem Fluss hin.

Kennen Sie den Ausdruck »auf der Lauer liegen«? Potenzielle Partner spüren das und ergreifen die Flucht, weil die Energie so intensiv ist, dass sie davon abgeschreckt sind. Es ist etwas Wahres dran an dem Spruch:

»Die Energie fließt dorthin,
worauf die Aufmerksamkeit liegt.«

Wenn Sie wirklich gewissenhaft sind und eine Askfirmation zu wahrer Liebe formulieren können, dann schicken Sie dem Universum die Anweisung, dass Sie sich das wirklich wünschen. Damit bitten Sie auf angemessenere Weise darum, Ihre/n Traumprinzen/-prinzessin in Ihr Leben treten zu lassen. Jetzt sind Sie empfänglich für das Empfangen, anstatt nur davon zu träumen. Indem Sie fragen, löst sich die damit verbundene Anspannung. Sie fragen und lassen dadurch zu, das, was Sie sich wünschen, auch zu empfangen.
Ergibt das für Sie einen Sinn?

Weiter geht's. Wir wollen einen Blick auf einen anderen sehr wichtigen Bereich Ihres Lebens werfen: Ihre berufliche Karriere. Anstatt wie im obigen Beispiel zu versuchen, den Willen anderer zu beeinflussen, probieren Sie doch einmal folgende Frage aus:

**»Warum ist es für mich so einfach,
den für mich perfekten Job zu *haben?*«**

Oder:

**»Warum ist es für mich so einfach,
für meine Arbeit/mein Produkt/meinen Service
Beachtung, Bestätigung und
Anerkennung zu erhalten?«**

Mit der ersten Askfirmation sagen Sie dem Universum, dass Sie bereit sind, Ihren perfekten Job tatsächlich zu *haben* (anstatt nur zu *wissen,* was der perfekte Job wäre). Sehen Sie, wie vage diese Frage ist? Wäre es nicht ziemlich anstrengend, alle Bedingungen für Ihren perfekten Job aufzuzählen? Ganz zu schweigen davon, wie schlimm es womöglich wäre, wenn Sie dabei etwas vergessen ...

Das Universum weiß ganz genau, was Sie in allen Bereichen Ihres Lebens wirklich begeistert. Nehmen Sie seine Hilfe an, damit es *für Sie* perfekt wird.

Mit der zweiten Askfirmation stimmen Sie sich und »sie« perfekt aufeinander ab, sodass Ihre Fähigkeiten von Ihrer Chefin/Ihrem Chef (oder Ihren Vorgesetzten) erkannt werden, was als Türöffner für die gewünschte Gehaltserhöhung, den Bonus und, wer weiß, vielleicht sogar eine Beförderung dienen kann. Nur der Himmel ist die Grenze!
Wenn Sie selbstständig sind und Ihre eigene Firma haben, sorgen Sie mit der zweiten Askfirmation dafür, dass Ihr Service

bzw. Produkt in die richtigen Hände gelangt und größere Bekanntheit erzielen kann. Vielleicht finden Sie eine Berühmtheit, die davon hört und Ihrem Geschäft Aufwind gibt, oder Sie treffen einen guten Engel da draußen, der Ihr Geschäft fördert oder anderweitig voranbringt.

Begreifen Sie, wie es funktioniert?

Hier ist noch eine meiner Lieblings-Askfirmationen:

»Warum erhalte ich so viel Unterstützung?«

Jetzt wird's wirklich interessant! Ursprünglich nutzte ich diese Askfirmation, weil ich bereit dafür war, meine Firma *Angel Chatter* in großem Stil an die Öffentlichkeit zu bringen. Dazu musste ich wirklich aus dem stillen Kämmerlein heraustreten und der ganzen Welt verkünden: *»Ich heiße Chris Alexandria, und ich möchte Millionen von Menschen stärken und inspirieren!«*

Natürlich wünschte ich mir, dass sich meine Familie geschlossen hinter mich stellen und mich anspornen würde. Deshalb formulierte ich die obige Askfirmation.
Meinen Sie womöglich, sie sei dafür wohl etwas vage gehalten?

Das Folgende ist ganz wichtig (bitte aufschreiben!). Wie Sie erkennen können, habe ich *nicht* gefragt: »Warum erhalte ich so viel Unterstützung von meiner Familie?«
»Und warum nicht?«, fragen Sie da vielleicht.
Okay, ich will's Ihnen sagen.

Erstens würde eine solche Askfirmation die erste Regel nicht erfüllen, nämlich dass man andere Menschen nicht in eine Askfirmation mit einbeziehen darf.
Zweitens wird dadurch eine nicht zulässige Bedingung aufgestellt, weil die gewünschte Unterstützung auf die Familie begrenzt wird. Auch das ist im Reich der Askfirmationen nicht erlaubt. Warum sollte ich auch die Hilfe vom Universum einschränken? Deshalb also die vage Frage.

Und was ist (bislang) dabei herausgekommen? Nun ja, auf meinem Weg zum Erfolg passierte etwas Komisches:
Meine Frage *»Warum erhalte ich so viel Unterstützung?«* hat nicht nur dazu geführt, dass meine Familie tatsächlich geschlossen hinter mir stand und mich angespornt hat, sondern dass auch Leute, von denen ich noch nie etwas gehört hatte, in mein Leben traten und mir ihre Hilfe anboten. Und ich habe ihre Unterstützung dankend angenommen; sie haben damit mein Unternehmen gefördert und es auf die nächste Ebene und darüber hinaus gehoben. So habe ich den perfekten Juwelier für die Fertigung meiner Schmuckstücke gefunden, habe die perfekten Vertriebsleute gefunden, um unsere Produkte über TV-Verkaufskanäle, in Kaufhäusern und unabhängigen Läden anbieten zu können, und habe ganz offensichtlich auch den perfekten Herausgeber für dieses tolle Buch gefunden.
Die Leute helfen mir, *weil ich in Sicherheit ich selbst bin;* ich komme bei ihnen an, und sie wollen mir wirklich aus aufrichtigem Herzen helfen.

Wow! So viel Macht hat das!

Achten Sie einmal darauf, wie Sie den ganzen Tag lang vielleicht anderen den Vortritt lassen. Haben Sie manchmal das Gefühl, Sie werden ausgenutzt? Machen Sie manchmal etwas nur ungern und mit Widerwillen, weil es von Ihnen erwartet wird? Hegen Sie zuweilen Schuldgefühle, weil Sie etwas nicht gemacht haben? All das gehört zur Fürsorge um andere zum eigenen Nachteil. Lassen Sie das jetzt sein, auf liebevolle Art und Weise!

Kümmern Sie sich
gut
um sich selbst!

2. Setzen Sie für Askfirmationen keinen Zeitrahmen.

Sie können für das, was Sie sich wünschen, keinen Zeitrahmen aufstellen, damit es in Ihren Terminkalender passt. (Noch eine Art der Kontrolle durch das Ego: »Wenn etwas nicht bis dann und dann passiert, dann bist du ein Verlierer.«) Sie müssen alles so geschehen lassen, wie es eben passt, in der Zeit, die es erfordert, und dort, wo es stimmig ist. Einen Termin dafür zu setzen, ist Mikromanagement mit zu viel Kontrolle, und vor dieser Energie nehme ich bewusst und so weit es geht Reißaus. Sie können ein Geschehen einfach nicht erzwingen. Wasser kocht dann, wenn es so weit ist. Farbe trocknet, wenn sie so weit ist. Sie empfangen Liebe und bekommen den Job oder ziehen das Gewinnlos, wenn *Sie* so weit sind.

Damit bleibt alles offen, und wir nehmen immer mehr von unserer frischen, begeisternden Lebendigkeit in Besitz, treten in die Fußstapfen der Person, die wir wirklich sind, und bleiben flexibel genug, um bewusst zu erkennen, was wir uns wirklich wünschen und – genauso wichtig – was wir *nicht* wollen. Anders gesagt, entwickeln wir uns weiter und entfalten uns – ähnlich, wie sich Zeit und Geschehnisse entfalten, in unserem eigenen natürlichen Tempo und in der Zeit, die wir eben brauchen. Wir lernen, nicht nur uns selbst zu vertrauen, sondern ermöglichen es dem Universum auch, den Auftrag genau so zu erfüllen wie gewünscht. Je weiter Sie sich entwickeln, desto weiter entfalten sich auch die Einzelheiten dessen, was Sie sich wünschen. Sie lassen immer mehr zu, dass Sie genau das Gewünschte empfangen.

Warum also nicht immer wieder fragen:

»Warum ist es für mich sicher, ich selbst zu sein?«
Und:
»Warum erhalte ich so viel Unterstützung?«
Und:
»Warum bin ich alles wert, was ich mir wünsche?«

Jetzt mal ehrlich: Warum diese drei Askfirmationen nicht aufsagen bis zu dem Tag, an dem Sie tot umfallen? Im Zuge Ihrer Weiterentwicklung entwickelt und verändert sich auch Ihre Komfortzone. Verlassen Sie Ihr ganzes Leben lang diese Zone öfters mal und in regelmäßigen Abständen, indem Sie um Hilfe und Unterstützung bitten, um den Wandel einfacher zu gestalten und himmelhohe Werte auf der »Würdigkeitsskala« zu erklimmen. So stechen Sie für die Leute heraus und werden leichter erkannt. Stellen Sie diese drei kleinen Askfirmationen ständig, bis in alle Ewigkeit; so kann sich die »Besetzung« im Zuge Ihres persönlichen Wandels ganz mühelos mit verändern.

Kinder haben beispielsweise grenzenloses Selbstvertrauen, fürchten sich vor fast nichts und beschwören beim Spielen ständig Zauberkräfte, imaginäre Freunde und weit entfernte Länder herauf, ohne zu befürchten, sich der Lächerlichkeit preiszugeben oder von anderen nicht akzeptiert zu werden. Doch leider nehmen diese freidenkerischen Fähigkeiten mit zunehmendem Alter ab; wir bemühen uns mehr und mehr, so zu sein wie die Masse und akzeptiert zu werden.

Wenn wir dann die Grundschule verlassen und auf die weiterführende Schule wechseln, geraten wir zunehmend in einen inneren Konflikt; es entstehen Bündnisse und Cliquen. Die Person, die wir wirklich sind, und die Person, die wir sein sollen, stehen miteinander im Clinch – und all das erlauben wir nur, um akzeptiert zu werden. Wenn wir uns verändern, um akzeptiert zu werden, und dann »angesagt« und total »in« sind, fühlen wir uns zunächst ziemlich toll – die Leute reden ja schließlich mit uns, und wir gehören dazu. Können Sie sich noch an diese Zeit erinnern? Das haben wir alle durchgemacht, *aber* im Laufe dieses Prozesses haben wir unsere Begeisterung und Lebendigkeit weit hinter uns gelassen.

Denken Sie einmal an Ihr Leben, wie es gerade ist. Stellen Sie sich zum Beispiel vor, wie Sie mit Menschen zusammen sind: mit Kollegen oder Nachbarn auf einer Grillparty oder vielleicht mit Mitgliedern Ihrer Kirchengemeinde. Sie merken, dass Sie irgendwie anders sind, möchten aber dazupassen ... Schlimmstenfalls bezeichnen Sie sich selbst dann als »Spinner«, als »Verrückten« oder als »komischen Typen«, um so Ihre Einzigartigkeit zu rechtfertigen. Und übrigens: Viele Leute finden es ganz toll, wenn Sie sich selbst kleinmachen; dadurch fühlen sie sich selbst nämlich größer. Doch solche Bezeichnungen stärken nicht unbedingt Ihr eigenes Selbstbewusstsein. (Und vergessen Sie nicht: Auch das Ego spielt hier wieder mit und feuert Sie an, damit weiterzumachen.) Wenn Sie sich weiterhin mit solchen Begriffen belegen, glauben Sie es irgendwann auch. Und was für ein Leben wird jemand, der sich selbst als »komischen Typen« betrachtet, Ihrer Meinung nach wohl führen? Höchstwahrscheinlich nicht das, was sie oder er sich wünscht.

Warum ist es für mich sicher, ich selbst zu sein?
Warum erhalte ich so viel Unterstützung?
Warum bin ich alles wert, was ich mir wünsche?
Sagen Sie diese Askfirmationen immer wieder auf!

Wenn Sie einmal innehalten, sich umschauen und ganz ehrlich die Situationen betrachten, in die Sie sich gebracht haben, werden Sie verstehen, was Sie da gemacht haben und wie Sie da hineingeraten sind. Wie Sie erkennen werden, waren diese Leute, an die Sie sich mit so viel Mühe angepasst haben, nicht Ihre wahren Freunde. Wahre Freunde verlangen nicht, dass man so denkt wie sie, um mit ihnen zusammen sein zu können. Sie machen keine zweischneidigen oder zweifelhaften Komplimente. Sie sprechen nicht schlecht über Abwesende.

Tief drinnen wissen Sie, dass das stimmt; und wie Sie auch wissen, haben Sie solche Verhaltensweisen geduldet und die daraus resultierenden Gefühle ignoriert, weil Sie sich so sehr gewünscht haben, akzeptiert und geliebt zu werden, wie in dem alten englischen Sprichwort »Better the devil you know than the devil you don't« (»Von zwei Übeln wählt man besser das, was man schon kennt«). Was so viel heißt wie: Lieber bei den alten Freunden bleiben, denn wer weiß, was sonst da draußen so auf uns wartet ... Das gilt übrigens auch für Beziehungen.

Haben Sie es denn nicht verdient, so akzeptiert zu werden, wie Sie sind?
Wir alle haben schon vieles getan oder nicht getan, um akzeptiert zu werden. Es ist einfacher – richtig?

Falsch! Anfangs mag es einfacher erscheinen, doch je länger Sie Ihrem wahren Selbst das Tageslicht verweigern, desto frustrierter und unzufriedener werden Sie und desto ungesünder ist es letztendlich für Sie.

Jawohl, Sie können krank werden, missmutig und unzufrieden mit Ihrem Leben, ganz egal, mit welchen »glücklichen« Umständen Sie sich umgeben. Wenn Sie sich selbst gegenüber nicht ehrlich sind, scheint das Leben irgendwie nicht so ganz stimmig zu sein, und Sie werden sehr grummelig, meckern dauernd über dieses und jenes, wie so ein komischer alter Kauz – aber das sind Sie ja wohl offensichtlich nicht. Oder vielleicht doch?

Es ist deshalb einfacher, *sich selbst treu zu sein.* Anfangs mag es wie eine gewaltige Herausforderung erscheinen. Aber das muss es nicht sein – nie! Sie kehren einfach *zu sich selbst zurück,* verlassen die Schublade und betreten Ihr wahres Selbst. Dazu müssen Sie sich nur folgende Frage stellen:

»Warum ist es für mich sicher, ich selbst zu sein?«

Indem wir diese falschen Freunde vermeiden und den Riesenschritt tun, unser wahrstes Selbst freizulassen, erkennen wir unseren eigenen Selbstwert, verstehen, dass wir nicht ehrlich zu uns selbst gewesen sind, und finden den Weg hin zu dem Leben, das wir uns wünschen und das wir verdient haben. Und die Nebenwirkung? **Je treuer wir uns selbst sind, desto »bessere« Menschen ziehen wir an.**

Betrachten Sie es einmal so: Erblüht eine Rose vollends über Nacht? Nein, außer es gibt eine Sorte, die ich nicht kenne. Die Rose nimmt sich Zeit. Ihr Erblühen ist eine Reise, die es zu genießen gilt. Die Rose verlockt andere dazu, sie zu bemerken, einfach weil sie *sie selbst ist* und *ihr Ding macht*.

Können Sie sich an eine Zeit in Ihrem Leben erinnern, in der Sie sich etwas so verzweifelt wünschten, dass Sie es sozusagen herbeigezwungen und sich danach ganz schrecklich gefühlt haben? Und können Sie sich auch an eine Zeit erinnern, als Sie etwas für eine sichere Sache hielten, das dann doch nicht eingetreten ist – nur um später festzustellen, was für ein Geschenk es war, dass es eben nicht passiert ist? Gestehen Sie Dingen ihren eigenen göttlichen Zeitplan bis zur Entfaltung zu!

Vertrauen Sie auf den
göttlichen Zeitplan.

Und zu guter Letzt:

3. Keine Einschränkungen!

Diese dritte Regel für Askfirmationen ist vielleicht am schwierigsten zu befolgen. Jeder, der seinen Selbstwert schon einmal in Zweifel gezogen hat, neigt dazu, dem, worum er bittet, eine Grenze zu setzen, und sei es nur, um keinen so großen Schmerz zu empfinden, wenn er es nicht bekommt.

Vielleicht möchten Sie mehr Geld verdienen. Wenn Sie beispielsweise im Moment zwanzig Dollar die Woche verdienen, werden Sie von dreißig Dollar die Woche oder – falls Sie große Träume haben – von vierzig Dollar begeistert sein.
Doch warum setzen Sie sich eine Grenze, selbst wenn es das doppelte Gehalt wäre?
Was wäre verkehrt daran, drei- oder viermal so viel zu verdienen wie im Moment? Jeder hat seine »Komfortzone« bzw. seine persönliche Vorstellung von dem, was ihm zusteht und was er leicht verdienen kann, ohne gierig zu sein. Warum versuchen Sie es nicht mit einer Askfirmation, um zu bekommen, was Sie wirklich möchten, auch wenn es um sehr viel Geld geht?

Eine weitere meiner liebsten Askfirmationen lautet:

**»Warum ist es für mich so einfach,
haufenweise Geld mit dem zu verdienen,
was ich gerne tue?«**

Vielleicht hängen Sie an dem Wort »haufenweise« fest? Gut so! So weit ich weiß, wird damit kein Geldwert assoziiert. Aber es bezeichnet eine Menge, oder? Und nicht nur das, es zaubert auch ein Lächeln aufs Gesicht.
Das Universum weiß genau, wie viel Geld Sie brauchen, um es sich gut gehen zu lassen (reines Überleben ist keine Option mehr, Leute!).
Das Universum kennt Sie; es weiß, was Sie in Begeisterung versetzt und wie viel Geld nötig ist, damit Sie Ihr Leben zu Ihren Bedingungen leben können.

Ein weiteres Beispiel: Stellen Sie sich vor, Sie sind ein/e Künstler/-in, Schriftsteller/-in oder Kunsthandwerker/-in. Warum sich auf eine einzige Auszeichnung beschränken? Warum Ihre Großartigkeit nur ein einziges Mal anerkennen lassen? Sie verdienen *alle* Auszeichnungen, die das Universum Ihnen bescheren kann!

»Warum wird meine brillante Arbeit so einfach erkannt und anerkannt?«

Ziemlich einfach, stimmt's? Diese Askfirmation lässt alle Türen weit offen, sodass *jeder* – und ich meine wirklich *jeder* – Ihre Genialität erkennen, bestätigen und anerkennen kann.

Ein Beispiel: Eine Klientin von mir ist Künstlerin. Anfangs verkaufte sich ihre Kunst nur sehr schwer. Seit Kurzem arbeitet sie mit Askfirmationen, und schon erhält sie Aufträge von Privatleuten und wurde gefragt, ob sie sich an einer sehr namhaften Galerie beteiligen will. Also, wenn das keine Bestätigung ist!

Gab es Zeiten in Ihrem Leben, in denen Sie sich mit einem Kompromiss zufriedengegeben haben, zum Beispiel wenn es um Freunde, eine Beziehung oder einen Job ging? Und zwar, weil es von Ihnen erwartet wurde? Können Sie die Angst erkennen, die sich mit der Zeit aufgebaut hat, wodurch es Ihnen innerlich immer weniger gut ging? Sie sollten immer höher hinauswollen, als es für Sie zu erwarten steht! Wie sonst wollen Sie nach den Sternen greifen?

Greifen Sie
nach den
Sternen!

So formulieren Sie Ihre eigenen Askfirmationen

Die Formel zum Erstellen einer Askfirmation ist eigentlich ganz einfach. Es gibt nur vier Bedingungen:

1. Frageformat

Die Askfirmation muss als Frage formuliert sein – das ist ja offensichtlich, sonst wäre es keine *Ask*firmation.

2. Positive Formulierung

Die Askfirmation muss positiv formuliert sein. Es gibt schon genug negative Kopffutter-Fragen, oder?

3. Präsens

Wie Affirmationen werden auch Askfirmationen in der Gegenwartsform formuliert. Vergangenheit oder Zukunft haben in einer Askfirmation nichts zu suchen.

4. Es geht immer »nur« um Sie selbst!

Diese Regel ist wohl am schwierigsten. Sie sind ja jemand, der Gutes tun und sich gerne um andere Menschen kümmern möchte, und deshalb wollen Sie für andere das Beste. Aber denken Sie daran: Diese anderen haben einen freien Willen, und Sie sind nicht in ihre wahren Sehnsüchte und ihren Seelenweg eingeweiht! Doch am allerwichtigsten dabei ist: Sie müssen sich zunächst einmal um sich selbst kümmern!

* * *

Inzwischen fragen Sie sich vielleicht: »Und wie kann ich meine ganz persönlichen Askfirmationen erstellen?«
Eine tolle Frage, und ich bin echt froh, dass Sie sie stellen!

Stellen Sie sich vor, in einem Bereich Ihres Lebens möchten Sie etwas verbessern, egal, wie groß oder wie klein diese Verbesserungen sein mögen. Sie wissen einfach, etwas stimmt im Moment nicht so ganz ...

Legen Sie Ihre Hände aufs Herz. Wie wir schon gesagt haben, ist das Herz die Geburtsstätte der Seele und lügt Sie niemals an. Während Sie die Hände aufs Herz legen, geben Sie Ihrem Ego symbolisch sozusagen einen Lutscher und signalisieren ihm, es soll sich in die Ecke verziehen, solange Sie mit Ihrem Herzen reden. Das Ego kann mit der Wahrheit nicht umgehen, und deshalb fügt es sich. Außerdem liebt es Lutscher über alles.

Jetzt atmen Sie ein paarmal tief ein und aus, bis Sie sich zentriert und fokussiert fühlen. Sie werden innerlich eine kleine Veränderung wahrnehmen, die Ihnen zeigt, dass das Ego derzeit außer Haus ist.

Mit den Händen auf dem Herzen fragen Sie nun:

»Was habe ich in Bezug auf .... gedacht, gesagt oder gefragt bzw. erbeten?«

Ihnen wird schnell etwas einfallen; das schreiben Sie auf. Beschönigen Sie es nicht. Es ist, wie es ist, und wir be- und verurteilen hier nichts. Wenn Sie erst einmal erkennen, was Sie gedacht oder auch ausgesprochen haben, verstehen Sie ganz schnell, warum Ihr Universum derzeit ein bisschen schief und wacklig ist. Sie bekommen genau das, was Sie nach außen gegeben haben. Zum Kuckuck aber auch!

Erinnern Sie sich noch an die Kopffutter-Fragen? Höchstwahrscheinlich haben Sie eine dieser Fragen gestellt.
Verwandeln Sie diese Kopffutter-Frage nun einfach in eine positive Frage im Präsens. Und *voilà!,* schon haben Sie eine Askfirmation! Und bevor ich's vergesse: Versuchen Sie, **das Wörtchen »einfach« noch mit einzubauen.**
So leicht ist das.

* * *

Hier noch der Hinweis auf ein paar **Fehler,** die beim Formulieren einer Askfirmation häufig gemacht werden:

Sie formulieren vielleicht die Frage: »Warum ist es für mich so einfach, nicht zu rauchen?«
Fragen Sie stattdessen besser:
»Warum ist es für mich so einfach, rauchfrei zu leben?«

Oder Sie formulieren: »Warum ist es für mich so einfach, eine Diät zu machen?«
Fragen Sie stattdessen besser:
»Warum habe ich mein perfektes Gewicht?«

Oder Sie fragen: »Warum habe ich keine offenen Rechnungen mehr zu begleichen?«
Fragen Sie stattdessen:
»Warum ist es für mich so einfach, schuldenfrei zu sein?«
Oder: *»Warum ist es für mich so einfach, finanziell unabhängig zu sein?«*

Erkennen Sie den Unterschied?

* * *

So, jetzt ist es an der Zeit, Ihre persönliche Askfirmation zu formulieren. Machen Sie die oben stehende Übung. Schreiben Sie auf, was Sie gedacht/gesagt/gefragt haben. Und bitte *nichts* beschönigen! Wandeln Sie das dann in eine positive Frage im Präsens um.
Sie sind wirklich unglaublich toll!

Formulieren Sie

Ihre persönliche
Askfirmation!

Askfirmationen auf einen Blick

Als Hilfestellung werden nachfolgend einige der beliebtesten Askfirmationen aufgeführt, unterteilt nach Kategorien. Sie haben jetzt die Formel an der Hand.

ALLGEMEIN

- Warum ist das Leben sooo vollkommen …?
- Warum ist es so einfach für mich, wahre Freunde anzuziehen und anzunehmen?
- Warum ist es so einfach für mich, in allen Situationen und überall Schönheit zu sehen?
- Warum ist es so einfach für mich, mir selbst treu zu sein?
- Warum kann ich alles so einfach erledigen?
- Warum ist es so einfach für mich, um Hilfe zu bitten und Hilfe zu bekommen?
- Warum ist es so einfach für mich, Dankbarkeit zu empfinden?
- Warum bin ich so empfänglich dafür, die Fülle des Universums zu empfangen?

BERUF

- Warum ist es so einfach für mich, mit dem, was ich gerne tue, beruflich erfolgreich zu ein?
- Warum erhalte ich so viel Unterstützung?
- Warum werden meine Talente und Fähigkeiten so leicht erkannt und anerkannt?
- Warum bin ich wegen meiner Fähigkeiten so gefragt?
- Warum ist es so einfach für mich, meine Talente zu kennen?
- Warum ist es so einfach für mich, meinen idealen Beruf auszuüben?
- Warum ist es so einfach für mich, meine Arbeit fertig zu machen?

GELD

- Warum ist es so einfach für mich, erfolgreich zu sein?
- Warum ist es so einfach für mich, viel Geld mit dem zu verdienen, was ich gerne mache?
- Warum habe ich mehr als genug Geld?
- Warum ist es so einfach für mich, alles Gute, was das Leben mir schenkt, zu akzeptieren?

GESUNDHEIT

- Warum bin ich so gesund?
- Warum ist es so einfach für mich, gesund zu essen?
- Warum ist es so einfach für mich, gesund zu leben?
- Wie ist es mir möglich, mich mit solcher Leichtigkeit zu bewegen?

- Warum ist es so einfach, den perfekten Arzt für mich zu finden?
- Warum ist es so einfach für mich, die perfekte Behandlung für dieses und jenes zu finden?

ICH

- Warum ist es für mich sicher, ich selbst zu sein?
- Warum werde ich so sehr unterstützt?
- Warum ist es so einfach für mich, mich um mich selbst zu kümmern?
- Warum bin ich es wert, alles zu haben, was ich mir wünsche?
- Warum ist es so einfach für mich, Nein zu sagen?
- Warum ist es so einfach für mich, Grenzen zu setzen?
- Warum bin ich genug?
- Warum ist es so einfach für mich, meinen Wert zu erkennen?

LIEBE

- Warum bin ich die Liebe wert, die ich mir wünsche?
- Warum ist es so einfach für mich, überall, wo ich hingehe, die Liebe zu sehen und sie willkommen zu heißen?
- Warum ist es so einfach für mich, die Liebe anzunehmen?
- Warum ist es so einfach für mich, Liebe zu schenken und zu empfangen?
- Warum ist es so einfach für mich, mich selbst zu lieben und anzunehmen?

Alles ist reif
und wartet nur darauf,
dass wir darum bitten.

Nachwort

Seit ich Askfirmationen ersinne, sie ausprobiere und dann an Klientinnen und Klienten für deren persönliches Wachstum weitergebe, bin ich immer wieder erstaunt, wie viel Spannungen sich lösen, wenn wir erkennen, dass wir nicht alles selbst machen müssen. Und ich bin verblüfft, wie schnell manche Askfirmationen beantwortet werden. Es macht mir Mut, wenn ich sehe, wie viel innere Stärke meine Klientinnen und Klienten und auch ich selbst dadurch gewinnen und mit wie viel Begeisterung wir *genau das* angehen, was wir uns wünschen, weil das Universum unser Verständnis und unsere Intentionen als wahr erachtet und wir uns vor allem damit selbst treu bleiben.

An nichts herrscht Mangel! Alles ist reif und wartet nur darauf, dass wir darum bitten. Es liegt an Ihnen und mir, unseren Preis einzufordern und in Anspruch zu nehmen. Nur wir selbst halten uns zurück, und jetzt, wo wir wissen, wie wir um das bitten können, was wir uns wirklich wünschen, steht uns nichts mehr im Weg.

Der Himmel ist die Grenze, und somit sind Ihnen keine Grenzen hinsichtlich eines großartigen Lebens gesetzt.
Ich wünsche Ihnen ewige Liebe, Gesundheit, die Erfüllung Ihrer Träume sowie großartige Freunde und eine prima Familie, die Sie bewundern und unterstützen.

Danksagung

Mein aufrichtiger und liebevoller Dank geht an meine Facebook-Gruppe *Angel Chatter* für die ununterbrochene Unterstützung und die ständige Bereitschaft, sich als »Versuchskaninchen« zur Verfügung zu stellen. Ohne euch, meine lieben Plaudertaschen, würden wir uns immer noch fragen, ob es denn wirklich funktioniert.

Ein weiteres Dankeschön geht an Jim, wo immer du jetzt bist. Du hast mich dazu inspiriert, dieses Buch zu schreiben.

Und ganz besonders danke ich dir, mein Schatz – du bist mein Felsen, meine Liebe, und ohne dich würde ich immer noch im Hamsterrad herumrennen.

* * *

Wir sind auf *Facebook, Twitter, Pinterest* und *Instagram* zu finden und würden uns sehr freuen, von Ihren Erlebnissen mit Ihren persönlichen Askfirmationen zu erfahren!

Chris Alexandria ist vor allem dafür bekannt, dass sie Menschen befähigt, ihr höchstes Potenzial zu erkunden und ihr Leben nach ihren eigenen Vorstellungen zu gestalten.
Derzeit lebt sie mit ihrem Mann sowie mit einem Hund und zwei Katzen auf einer Barriereinsel vor der Ostküste von Virginia/USA.
www.AngelChatter.com

Wichtiger Hinweis: Die im Buch veröffentlichten Empfehlungen wurden von Verfasserin und Verlag sorgfältig erarbeitet und geprüft. Eine Garantie kann dennoch nicht übernommen werden. Ebenso ist die Haftung der Verfasserin bzw. des Verlages und seiner Beauftragten für Personen-, Sach- und Vermögensschäden ausgeschlossen.

- **Titel der Originalausgabe:** *Askfirmations – Make affirmations more effective by using powerful questions.*
  world copyright © Earthdancer GmbH 2016
  text copyright © Chris Alexandria,2014
  First published by Earthdancer, an imprint of Findhorn Press, Schottland
- **Deutsche Ausgabe:** © KOHA-Verlag GmbH Burgrain
  Alle Rechte vorbehalten, 1. Auflage 2016
- **Übersetzung:** Maria Müller-de Haën
- **Lektorat:** Miriam Pfadt
- **Bildnachweis:** Shutterstock: S. 1 u.a.
  Privat: Foto der Autorin
  Fotolia: Alle anderen Ornamente/Grafiken/Fotos
- **Cover:** Guter Punkt, München, unter Verwendung eines Motivs von Thinkstock
- **Layout:** Birgit-Inga Weber
- **Gesamtherstellung:** Karin Schnellbach
- **Druck:** Finidr, Tschechien
- **ISBN:** 978-3-86728-314-4